D1919396

FLORIDA

Bei Dunkelheit kamen die Haie, die an den Kanten des Golfstroms jagten, dicht an den Strand heran, und auf der oberen Loggia des Hauses konnte man in stillen Nächten das Schnellen der Fische hören, hinter denen sie her waren, und vom Strand aus sah man ihre phosphoreszierende Spur im Wasser.

Ernest Hemingway, Inseln im Strom

FLORIDA

Photographie Jürgen Betz
Text Horst-Eckart Gross

cormoran

Inhalt

Seite 1: Das Hemingway-Haus auf Key West.
Seite 2/3: Am Wakulla River nahe der Grenze zu Georgia.
Links: Am New River in Fort Lauderdale.

Hochseeangeln ist nur eine der vielen Sportarten, die sich in Florida anbieten. Nicht immer muß es der alte Mann oder der weiße Hai sein. Hier wird ein Dolphin präsentiert, eine in Florida als Speisefisch sehr beliebte Goldmakrelenart.

Vorhergehende Doppelseite: Teuer und begehrt sind diese modernen Wohnanlagen zu beiden Seiten des Intra-Coastal Waterway, der Miami mit Fort Lauderdale verbindet.

Die Halbinsel zwischen Golf und Atlantik

Auf dem Weg nach Florida

Der Herr neben mir lehnte sich nach den «Tournedos Maître d'Hotel» behaglich in seinem Sessel zurück und trank seinen Bordeaux aus, während der Jumbo mit dem monotonen Säuseln seiner vier Triebwerke über den Atlantik flog.

«Wie ich nach Florida kam? Wie so viele andere Menschen auch: Zuerst habe ich dort einen Urlaub verbracht. Wo? Natürlich in Miami Beach. Meine ursprüngliche Skepsis gegenüber dem Sunshine-State schien bestätigt, denn besonders wohl gefühlt habe ich mich dort nicht.»

«Aber den Lebensabend in Miami zu verbringen, ist doch ein Traum von Millionen Amerikanern», entgegnete ich.

«Sicherlich, aber soweit ist es mit mir noch nicht, in welcher Hinsicht auch immer. Denn was ist an diesem riesigen Tourismus-Konglomerat schon dran, das sich von Palm Beach bis nach Miami Beach hinzieht? Nein, ich habe Florida entdeckt, als ich mit dem Auto kreuz und quer über Land fuhr. Da mußte ich feststellen, daß ich eine klischeehafte Vorstellung von Florida hatte; daß ich nämlich diesen riesigen Staat mit Miami Beach identifizierte. Florida bedeutet auch Zypressensümpfe, riesige Wälder, Seen – und natürlich das ganze Jahr über ein angenehmes Klima. Dann der Golf von Mexiko: Er ist mit seinen sanften Wellen mindestens genauso schön wie die Atlantikküste mit der nach meinem Geschmack manchmal zu rauhen Brandung. Sehen Sie mal, ich fische gern. In Florida ist das Hochseefischen genausogut möglich wie das Süßwasserfischen.»

Wir tranken einen Kaffee, der hier im Flugzeug bereits so schmeckte wie in den USA. Mein Nachbar fuhr fort: «Ich hatte von New York genug und zog nach Winter Garden am Apopkasee, ganz in der Nähe von Orlando. Die Großstadt ist schnell erreichbar, und trotzdem wohne ich in einer Gegend, wo ich meine Tür beim Verlassen des Hauses nicht abzuschließen brauche. Bei uns passiert nichts. Die Verkehrsbedingungen sind sehr gut, von Orlando gehen täglich Flüge nach überall hin. Ein sehr gutes College für meinen Sohn haben wir hier auch, und zu meiner Hochseeyacht fahre ich eine knappe Stunde. Die staatliche Förderung für meine Geschäfte ist gut; ich muß schon sagen, ich fühle mich in Florida sehr wohl.»

Während wir noch einen Kaffee und einen Likör bestellten, warf ich ein: «Und ich dachte, daß Florida nur Touristen und Rentner anzieht. Es ist doch der Traum von vielen Amerikanern, dort ihren Urlaub oder Lebensabend zu verbringen.»

Ich suchte in meinen Unterlagen und fand auch die Zahlen: «Jährlich besuchen rund vierzig Millionen Touristen Florida und geben dort zweiundzwanzig Milliarden Dollar aus, sie sind damit wichtigster Wirtschaftsfaktor. Von den zehn Millionen Einwohnern sind fünfundzwanzig Prozent über sechzig Jahr alt. In einigen Gegenden ist der Anteil der Senioren noch erheblich größer, in Charlotte County liegt er bei über fünfzig Prozent. Also fast ein Rentner-Staat.»

Mein Nachbar lächelte und nickte kurz: «Stimmt sicherlich!»

Ich fuhr fort: «Florida, das sind Strände und Palmen, Sümpfe und Orangenplantagen, Disney World und Cape Canaveral. Und Sie ziehen dorthin, um Geschäfte zu machen?

Sind Sie die große Ausnahme? Sind Sie im Tourismusgeschäft, in der Landwirtschaft oder als Immobilienmakler tätig?»

Der Mitreisende schmunzelte und entgegnete: «Nein, ich bin keine Ausnahme und verkaufe auch nichts, weder Postkarten, Traktoren noch Grundstücke. Ist ja egal, was ich mache, aber ich werde Ihnen etwas erzählen. Sie in Germany reden viel über Silicon Valley, aber was sich in den letzten Jahren in Florida getan hat, darüber ist wenig bekannt. Florida ist zu einem High-Tech-Zentrum geworden. Von den fünfundzwanzig größten Elektronikunternehmen der USA sind allein sechzehn hier etabliert. Viertausend Unternehmen sind ausschließlich in diesem Geschäft mit der Zukunft tätig, sie beschäftigen an die 200 000 Spezialisten. Computer, Mikroprozessoren, Satellitentechnologie, Fluggeräte: vom Hubschrauber bis zu Missiles. Nehmen Sie mal als Beispiel Martin Marietta bei uns in Orlando. Die bauen Raketen, mit denen sie einen Sprengsatz von der doppelten Stärke der Hiroshimabombe über viertausend Kilometer weit auf vierzig Meter genau transportieren können. Was meinen Sie, was dafür an Elektronik notwendig ist. Ja, das ist die Pershing 2. Aber nun lassen Sie uns den Film ansehen. Was wird gezeigt?»

Florida

Wie ist Florida eigentlich zu seinem Namen gekommen?

Ein Blick in «Langenscheidts Handwörterbuch Spanisch – Deutsch» scheint Aufklärung zu versprechen. Dort wird dieses Adjektiv übersetzt mit: blühend, blumig, blumengeschmückt; erlesen, kostbar; schwülstig, verschnörkelt; (Gaunersprache) wohlhabend, reich; (selten) lüstern, geil.

Ist damit Florida charakterisiert, das Land der Blumen und kostbaren Grundstücke, ein bißchen schwülstig und mit Reichtum sowie Kriminalität versehen, gewürzt – selten – mit Sex? Eigentlich kein so unpassender Name, aber solche Gedanken sind dem Don Ponce de León im Frühjahr 1513 sicherlich nicht durch den Kopf gegangen, als er das ihm unbekannte Land in der Nähe des heutigen Saint Augustine betrat. Gemäß den damaligen Sitten und Gebräuchen bei der geographischen Namensgebung dachte er wahrscheinlich eher an das gerade gefeierte Osterfest, auf spanisch: *Pascua florida*. Deshalb gebrauchte er die Bezeichnung *Tierra Florida*, und in die ersten Karten der Neuen Welt wurde dieser Name auch eingetragen, so zum Beispiel von Mercator in seiner Weltkarte aus dem Jahr 1538. Aber bereits 1570 vereinfachte Ortelius auf seiner Weltkarte den Namen zu *Florida*, was dann Mercator siebzehn Jahre später auch übernahm. Seitdem ist es dabei geblieben, wohl aber wurden im Lauf der Jahrhunderte unterschiedliche geographische Bereiche darunter verstanden. Zuerst bezeichnete man mit diesem Namen die uneroberten Gebiete nördlich von Kuba, auf die das spanische Reich Anspruch anmeldete; der Anspruch erstreckte sich auf das Land bis hin nach Neufundland. Erst im 19. Jahrhundert fixierten die USA die Grenzen des heutigen Florida.

Die schwierige Eroberung

Nach der Entdeckung der Neuen Welt eroberten die Spanier in kurzer Zeit Kuba und nutzten die Insel als Ausgangspunkt für die *Conquista*, also für die Unterwerfung ganz Amerikas. Mexiko und Mittelamerika wurden in wenigen Jahren eingenommen, und auch in Südamerika konnten sich Spanier und Portugiesen im 16. Jahrhundert verhältnismäßig schnell durchsetzen. Große Schwierigkeiten gab es jedoch mit den nördlich von Kuba gelegenen Regionen, obwohl der Wille zur Aneignung auch dieser Gebiete durchaus vorhanden war.

Die ersten Erkundungen unternahm Ponce de León, der im Anschluß an die erfolglose Suche nach der sagenumwobenen Jungbrunnen-Insel Bimini die Ostküste Floridas bis etwa

Der Stich (Ende 16. Jahrhundert) zeigt die Eingeborenen aus europäischer Sicht: Friedliche Wilde schmücken eine das Wappen Frankreichs tragende Steinsäule und ehren damit den Kommandanten der französischen Seefahrer.

zum Saint-Johns-Fluß hinaufsegelte, dann kehrtmachte und nach Umsegelung der Keys an der Westküste bis in die Nähe des heutigen Fort Myers gelangte. Der feindselige Empfang dort zeigte ihm deutlich, daß er mit einer größeren Streitmacht zurückkommen mußte. Er kehrte nach Spanien zurück und versuchte 1521 erneut, diesmal mit zweihundert Mann und fünfzig Pferden, in diesem Land Fuß zu fassen. Legenden berichten von seinem Traum, in Florida den Jungbrunnen zu finden, dessen Wasser auch dem ältesten Mann die Kraft und Anmut eines Jünglings zurückgibt. Gefunden hat er jedoch das Gegenteil: Nach der Landung wurden er und seine Mannen mit einem Hagel von Pfeilen und Steinen empfangen – und die hohe Treffsicherheit ihrer Waffen zeichnete schon damals die Einwohner Floridas aus. Der alte Mann auf der Suche nach Jugend – und Reichtum – erreichte gerade noch Kuba und erlag dort seinen Verletzungen.

Danach versuchten die Spanier vierzig Jahre lang vergeblich, sich der Halbinsel zu bemächtigen. Bei den diversen Unternehmungen in dieser Richtung verloren an die zweitausend Menschen, sprich: Spanier, ihr Leben. Die Zahl der getöteten Einheimischen ist nicht überliefert, galt doch damals ein Indianer einem weißen Menschen nicht als gleichwertig. Schätzungen gehen davon aus, daß bereits um die Mitte des 16. Jahrhunderts zwei Drittel der ursprünglichen Bevölkerung durch den Kontakt zur Zivilisation ihr Leben verloren hatten, obwohl – oder gerade weil – diese hochgewachsenen Ureinwohner hervorragend kämpfen konnten. Die zahlreichen Stämme, die damals in Florida lebten, gehörten zu drei Sprachenfamilien, den Timuquan, Calusan und Muskhogean, und waren auch innerhalb einer Sprachenfamilie in mehrere Stämme unterteilt. Aber alle kämpften mit dem gleichen Einsatz gegen die Eindringlinge, und da die Stämme untereinander gleichberechtigte Beziehungen aufwiesen – was nicht heißt, daß diese unbedingt stets freundschaftlicher Art waren –, gelang es den Spaniern nicht, wie beispielsweise in Mexiko, von der dortigen indianischen Zentralgewalt beherrschte Stämme zum Kampf gegen eben diese Unterdrücker anzustacheln und so Hilfstruppen zu gewinnen. Dies dürfte mit dazu beigetragen haben, daß selbst große Expeditionen wie die des Don Tristán de Luna y Arellano, der 1559 mit fünfzehnhundert Soldaten zur Eroberung Floridas aufbrach, es nicht fertigbrachten, dauerhafte Erfolge zu erringen.

Unter den vielen Versuchen, Florida zu erobern, sind zwei wegen der auch für damalige Zeiten ungewöhnlichen Ereignisse bemerkenswert. Nicht ungewöhnlich war das Scheitern der 1527 begonnenen Expedition des Pánfilo de Narvaéz, und ebenfalls nichts Besonderes waren die hohen Verluste. Herausragend dagegen die Abenteuer der wenigen Überlebenden, unter ihnen Alvar Nuñez Cabeza de Vaca, die sich, schließlich bis auf vier Mann reduziert, zum Überleben bis nach Mexiko durchschlagen mußten. Für ihren Marsch durch unbekanntes, unerschlossenes und feindseliges Gebiet benötigten sie acht Jahre. Cabeza de Vaca verfaßte danach ein lesenswertes Buch über dieses Abenteuer. Das zweite Ereignis ist die erste überlieferte, wenn auch mißlungene «Barbecue-Party» in Florida. Juan Ortiz, ein Soldat aus der Truppe des Pánfilo de Narvaéz, überlebte als Gefangener der Indianer. Er wurde als Sklave gehalten und muß sich das Wohlwollen der Töchter des Häuptlings Hirrihiga erworben haben, denn als der Weiße auf einem der damals gebräuchlichen Bettgestelle der Indianer, *barbacoa* genannt, geröstet werden sollte, retteten ihn die Damen vor dem sicheren Tod in den Flammen. Durch Verballhornung des Begriffs barbacoa ist dann das Wort Barbecue entstanden.

Es sei dahingestellt, aus welchen Gründen die spanische Kolonisation Floridas so schleppend und mühselig vonstatten ging. Zwar konnte die spanische Krone ihr nicht beherrschtes Gebiet gut gegen französische Eindringlinge verteidigen, was deutlich belegt wird durch das Gemetzel an Jean Ribaut und seinen Landsleuten. Aber mehr als der Hafenstützpunkt Saint Augustine – älteste Stadt der USA, gegründet am 28. August 1565 – ist nicht dabei herausgekommen. Im 17. Jahrhundert gab es neben dieser Stadt noch eine weitere Siedlung namens Pensacola sowie an die fünfzig Missionsstationen, in denen vorwiegend Franziskaner wirkten. Letztere erreichten mehr als die Waffen, aber für ihre Missionsarbeit brauchten auch sie viel Zeit. 1605 lebten in Florida rund tausend mehr oder weniger gläubige Christen, die meisten davon Indianer. 1675 wurden mit buchhalterischer Akribie bereits 13152 lebende katholische Seelen gezählt. Dessen ungeachtet blieb jedoch der Widerstandswillen der Urbevölkerung ungebrochen: Auch im 17. Jahrhundert gab es mehrere Aufstände der Indianer. Nach den Rebellionen der Jahre 1638 und 1647 verbündeten sich 1656 die Muskhogean- mit den Timuquan-Stämmen gegen die spanischen Truppen und Priester und deren unersättliche Gier nach Arbeitskräften für Befestigungsanlagen und die Landwirtschaft, wie der US-Historiker McReynolds anmerkt. Erfolg war den Aufständischen nicht beschieden, wohl aber hohe Verluste.

Zusätzlich zu den Dezimierungen durch die Spanier hatten die Ureinwohner Floridas nun auch bis dahin unbekannte Krankheiten wie Masern, Grippe und Windpocken zu ertragen, die vielfach tödlich endeten. Hinzu kamen Sklavenhändler, die Indianer verschleppten. Als dann 1706 die Briten vom Norden her zusammen mit indianischen Hilfstruppen aus dem Volk der Creek in den oberen Teil Floridas einfielen, wurden nicht nur die Franziskanermissionen gestürmt. Ein weiteres Ergebnis der Invasion war die Flucht von zehntausend Ureinwohnern in Gebiete, die heute zu den US-Staaten Alabama und Mississippi gehören. Immer weniger Timuquan, Calusan und Muskhogean lebten in dem Land, das über Tausende von Jahren ihnen gehört hatte.

Neue Herren

1762 wurde die kubanische Hauptstadt La Habana von englischen Truppen gestürmt und besetzt. Um die wichtige Handelsmetropole zurückzuerhalten, tauschte ein Jahr später die spanische Krone Kuba gegen Florida; damit begann eine zwanzigjährige englische Herrschaft. Neue Plantagen, beispielsweise für Indigo, wurden ebenso angelegt wie befestigte Landwege. Mit den Engländern kamen auch zahlreiche Creekindianer nach

Florida blieb bis in die Mitte des 18. Jahrhunderts, als nach dem spanisch-englischen Machtwechsel englische Siedler ins Land strömten, in weiten Teilen eine unbesiedelte Wildnis. Abenteurergeschichten rankten sich um aufregende Begebenheiten, die mutige Expediteure in der Urlandschaft erlebten. Links wird der Kampf mit einem Puma gezeigt, rechts richten entflohene Sklaven ihr Nachtlager. (Beide Stiche um 1882)

Florida, assimilierten oder vertrieben die noch vorhandenen Reste der ursprünglichen indianischen Bevölkerung. Diese neue indianische Bevölkerung wurde als *Seminolen* bekannt, was in ihrer Sprache nichts anderes bedeutet als «die, die weggezogen sind».

1783 wehte wieder die spanische Flagge über dem ruhigen und abgelegenen Florida, wo nichts zu spüren war von den Ereignissen in den nördlich gelegenen englischen Kolonien, die am 4. Juli 1776 ihre Unabhängigkeit von England proklamiert hatten. Florida, Louisiana und die weiter westlich gelegenen Gebiete von «Nueva España» waren damals noch spanisches Territorium – insgesamt fast zwei Drittel der heutigen Fläche der USA. Aber auch noch damals lag Florida wie im Dornröschenschlaf. Wirtschaftlich von geringer Bedeutung, das Landesinnere kaum erschlossen, nur wenige Siedler – das war die Situation 1783. Damals lebten 17 000 Menschen auf der Halbinsel; der versuchsweise Anbau von Reis und Zuckerrohr steckte in den Anfängen.

Wesentlich mehr Aktivitäten entfalteten hingegen die USA, die ihre West- und Südgrenzen immer weiter ausdehnten. Bereits 1783 bildete Florida die Südgrenze des rasch expandierenden jungen Staates, und nach dem Kauf Louisianas im Jahr 1803 schien es nur noch eine Frage der Zeit zu sein, bis sich die Vereinigten Staaten die Halbinsel im Süden einverleiben würden. Denn es ging nicht nur um die Ausdehnung des Staatsgebietes, sondern es gab noch einen wichtigeren Grund: die *Maroons.*

Als Maroons bezeichnet man entflohene Sklaven, denen es gelang, über einen längeren Zeitraum hinweg ein freies Leben zu führen. Auf dem ganzen amerikanischen Kontinent war die Flucht von Sklaven eine recht häufige Erscheinung, die bis zur Abschaffung der Sklaverei stets eine bedeutende Rolle spielte. Im Gegensatz zu der häufig anzutreffenden Vorstellung der demütigen, unterwürfigen, ihrem Schicksal ergebenen Sklaven à la Onkel Tom gab es auch zahlreiche und intensive Formen des Widerstands der Schwarzen gegen ihre Unterdrückung, die von der Bummelei und mehr oder minder intensiven Sabotage und Zerstörung der Arbeitsmittel bis hin zu kollektivem Selbstmord und Flucht reichten.

Nach erfolgreicher Flucht versuchten sie häufig, in unwegsamen und unerschlossenen Gebieten gemeinsam mit anderen entflohenen Sklaven in einer Gemeinschaft zu leben, da der einzelne sonst wenig Chancen zum Überleben hatte. So gründeten die Maroons ganze Städte, die zwar heftig von der jeweiligen Kolonialmacht bekämpft wurden, aber zum Teil erstaunlich lange überlebten. In Brasilien existierte die freie Sklavenrepublik Palmares ununterbrochen fast hundert Jahre, und in Guyana gibt es noch heute Nachfahren der Maroons in Städten, die von den Weißen nie erobert werden konnten.

In Florida fanden die entflohenen Sklaven eine für sie günstige Situation vor. Den Verfolgern bereitete es sehr große Schwierigkeiten, sich in dem unwegsamen und unübersichtlichen Gebiet zurechtzufinden, während die Sklaven von den Seminolen aufgenommen wurden, zum Teil sogar sehr freundlich und als gleichwertige Mitglieder der Gemeinschaft. Das sprach sich in den USA herum und war damit wieder Ansporn für Sklaven, die sich nicht in ihr aufgezwungenes Schicksal fügen wollten. So entstand die neue Legende eines Dorado, diesmal aber mit realem Hintergrund und konkreter Perspektive für die versklavte Bevölkerung im Süden der Vereinigten Staaten. Nachvollziehbar war die Besorgnis der Plantagenbesitzer über diese Entwicklung: Bildete doch die Arbeitskraft der Sklaven die Grundlage ihres Reichtums.

Es gibt zwar kaum quantitative Angaben über die Flucht der Sklaven, aber es handelte sich nicht um Dutzende oder Hunderte, sondern um Tausende im Lauf der Jahre, die ein neues Leben suchten, das zwar gefährlich, aber eben doch frei war. Das Problem nahm für die Plantagenbesitzer also erhebliche Dimensionen an, wenn man bedenkt, daß im Süden der USA eine Plantage schon als groß galt, wenn ihr Besitzer über mehr als hundert Sklaven verfügte. Im ganzen Süden gab es lediglich elf Besitzungen, auf denen jeweils mehr als fünfhundert Sklaven arbeiteten; die meisten Sklavenhalter – nämlich achtundneuzig Prozent – besaßen weniger als fünfzig. Damit dürfte verständlich sein, daß die Flucht von zehn oder zwanzig Sklaven einen empfindlichen Kapital- und Arbeitskräfteverlust auch für begüterte Besitzer menschlicher Körper bedeutete.

In einem Schreiben vom 30. Juli 1812 berichtete Lieutenant Colonel Thomas Smith an General Pinckney über jüngste Überfälle der Indianer in Georgia, die zusammen mit achtzig Sklaven entkommen seien. Er gedenke, mit Truppen einzugreifen, da ihm Informationen darüber vorlägen, daß zur Zeit mehrere hundert flüchtige Sklaven in den Dörfern der Indianer in Florida lebten. Daß Florida damals spanisches Gebiet war, schien ihn nicht zu irritieren, aber auf Weisung der US-Regierung kam es lediglich zu kleinen Scharmützeln im Grenzgebiet. Es geschah auch nichts, als am 11. September 1812 Oberst Williams mit zwanzig Kavalleristen von Seminolen und Maroons gemeinsam überfallen und getötet wurde.

Erst 1816 sah die US-Regierung den geeigneten Zeitpunkt zum Einschreiten gekommen. Eine reine Maroon-Ortschaft in der Appalachicola Bay wurde angegriffen. Danach waren zweihundertsiebzig Männer, Frauen und Kinder tot, nur vierzig Menschen konnten fliehen. Dieses Massaker änderte die Lage nicht, und so bemerkte der Gouverneur von South Carolina über Indianer und Maroons: «Ihre Macht ist jetzt alarmierend groß, nicht nur wegen ihrer Anzahl, sondern auch wegen der ihnen zur Verfügung stehenden Waffen und Munition.» Also wurde gehandelt. Der Widerstand war jedoch größer als erwartet, und es kam zu intensiven kriegerischen Auseinandersetzungen, die von 1817 bis 1818 andauerten und als «Erster Seminolenkrieg» bekannt wurden. Nach neun Monaten hatte der spätere Präsident Jackson, damals noch General, Florida erobert. Drei Jahre später trat Spanien dann auch formell dieses Gebiet, das ihm nicht mehr gehörte, an die USA ab. Als Folge des Krieges machten sich Tausende von Seminolen mehr oder weniger freiwillig auf den Weg in den Westen. McReynolds schätzt, daß nach dem Exodus rund fünftausend Indianer und fünfhundert Maroons in unzugänglichen Gegenden Floridas zurückblieben.

Immer mehr weiße Siedler drängten hingegen nach Florida; 1830 lebten dort bereits über 30 000. Fünf Jahre später begann der «Zweite Seminolenkrieg», in dem die restlichen Indianer und Maroons unter Führung von Asi-Yahole, verballhornt auch Osceola genannt, ihr Land gegen die immer weiter vordringenden Weißen zu verteidigen suchten. Am 28. Dezember 1835 überfielen sie Major Dade und töteten ihn mitsamt seinen acht Offizieren und 102 Soldaten; die eigenen Verluste beliefen sich auf drei Tote und fünf Verwundete.

Die Indianer waren zwar zahlenmäßig unterlegen, kämpften aber in Guerillamanier unter Ausnutzung ihrer Kenntnisse auch der entlegensten Sümpfe erfolgreich. Nach zwei Jahren bot General Jessup Verhandlungen in Saint Augustine an. Osceola vertraute dem Wort des Offiziers und kam mit dreizehn Häuptlingen und einundsiebzig Kriegern – alle wurden festgenommen. Trotzdem zog sich der Krieg noch bis 1843 hin, als mit der Deportierung von dreitausend Seminolen in ein Reservat westlich des Mississippi praktisch ein Schlußstrich gezogen wurde. In den Annalen der US-Army sind unter dem Stichwort «Zweiter Seminolenkrieg» die Kosten von zwanzig Millionen Dollar und der Verlust von fünfzehnhundert Soldaten verzeichnet.

Seitdem fristen die übriggebliebenen Seminolen in kleinen Reservaten ein karges Leben und sind heute weitgehend zur Touristenattraktion degradiert.

Immer mehr Weiße kamen in das Land, das am 3. März 1845 den Rang eines Bundesstaates erhielt. Schon damals wurden 66 500, fünfunddreißig Jahre später bereits 270 000 Einwohner gezählt, die vor allem die nördlichen Gebiete besiedelten.

Ein offizieller Friedensvertrag zwischen den Seminolen und der US-Regierung wurde erst 1924 geschlossen, und erst fast fünfzig Jahre später, 1970, erhielten die Nachfahren der Seminolen zwölf Millionen Dollar Wiedergutmachung für die gewaltsame Enteignung ihres Landes – nicht viel mehr als eine Geste, sicher aber die Anerkennung einer moralischen Schuld.

Der Sunshine-State wird geschaffen

Gegen Ende des 19. Jahrhunderts war Florida bis etwa auf die Höhe des Okeechobeesees erschlossen und, wenn auch gering, besiedelt. Tampa zählte 1885 ungefähr 3000 Einwohner, Miami, in einem Mangrovendickicht gelegen, war ein kleiner Flecken, damals noch Fort Dallas genannt. Gut erschlossen war schon Key West, mit rund 18 000 Einwohnern die größte Stadt Floridas. Diese beachtliche Zahl war durch die militärische Bedeutung der Insel und die damit verbundenen Anlagen nebst stationierten Truppen zustande gekommen. Hinzu kam der Zustrom von Kubanern im Verlauf des ersten kubanischen Befreiungskrieges, der von 1868 bis 1878 auf der Insel gegen die spanische Kolonialmacht geführt wurde. Insbesondere die Spanier kämpften mit großer Grausamkeit; die zehnjährigen Auseinandersetzungen lähmten das wirtschaftliche Leben, zahlreiche Kubaner ergriffen die Flucht. Es gab einen weiteren – wahrscheinlich sogar wichtigeren – Grund, nach Florida auszuwandern: die hohen Importzölle für die schon damals auch in den USA hochgeschätzten kubanischen *Puros* oder *Tabacos*, wie die Zigarren auf der Insel genannt wurden. Was lag also näher, als Zigarren in den USA herzustellen, um so einen riesigen Binnenmarkt bedienen zu können? Damit begann die Emigration kubanischer Tabakarbeiter nach Florida; 1868 arbeiteten allein in Key West über dreitausend Kubaner an der Herstellung von Zigarren; bis 1870 stieg die Zahl der *Criollos*, die so meisterlich den Tabak mit den Händen rollen und mit den *Chavetas* – handgroßen, an einer Seite scharf geschliffenen Metallscheiben – bearbeiten konnten, in ganz Florida auf 18 000. Die meisten dieser Arbeiter siedelten in Key West und Tampa. Auf diese Weise wurden die Grundlagen für den hohen Anteil von Kubanern an der Bevölkerung besonders des südlichen Florida gelegt.

Die eigentliche Erschließung Floridas zu dem heutigen Urlaubsparadies ist zurückzuführen auf die Initiative zweier Millionäre, die zu Recht ein großes Geschäft witterten: Henry Morrison Flagler und Henry Bradley Plant. Beide ließen sich in Florida nieder und hatten den Plan, Florida mit seinem angenehmen Klima einer größeren Anzahl von Menschen zugänglich zu machen – nicht zuletzt zu eigenem Nutzen.

Blick in den skulpturenreichen Garten des Ringlingmuseums (Sarasota), das neben Werken aus vier Jahrhunderten eine exquisite Rubens-Sammlung zeigt.

Henry Plant widmete sich der Westküste, kaufte und baute Eisenbahnlinien und erwarb zu einem Spottpreis riesige Ländereien. Schon 1883 hatte er durchgehende Eisenbahnverbindungen zwischen Tallahassee, Pensacola und Tampa im Westen des Staates Florida mit Jacksonville am Atlantik bauen lassen. Er beschränkte sich jedoch nicht auf den Bau und Betrieb der Bahn, sondern er verfolgte ein integrales Konzept: Er ließ zahlreiche Hotels der ersten Kategorie erbauen. Der Erfolg war durchschlagend; allein sein Tampa Bay Hotel beherbergte in den ersten zwei Monaten nach der Eröffnung über viertausend gut zahlende Gäste.

Henry Flagler investierte seine im Erdölgeschäft erworbenen und erspekulierten Millionen in die im Gegensatz zur Westküste viel weniger erschlossene Ostküste. Von Jacksonville aus, bereits damals durch eine Eisenbahnlinie mit New York verbunden, trieb er seine Eisenbahn- und Hotelbauten nach Süden voran. Ursprünglich sollte die Bahnlinie an der Atlantikküste in Palm Beach enden; die gute Rendite, die die bereits längs der Strecke eröffneten Hotels abwarfen, brachte den Entschluß, weiter vorzudringen. Zwei Jahre später war Miami erreicht; mit großem technischen und finanziellen Aufwand ließ Flagler die Bahnstrecke bis nach Key West bauen. Sieben Jahre lang arbeiteten an die vierzigtausend Arbeiter an dieser Strecke, die über zahlreiche Inseln führte und den Bau vieler Brücken erforderte. Zwanzig Millionen Dollar hatte Flagler investiert, ehe am 22. Januar 1912 der erste Zug aus Miami den Zielort Key West – mitten im Meer – erreichte.

Diese neue Verkehrsverbindung bedeutete Leben und Geschäft für den Südosten der Halbinsel. Gebäude für kommerzielle Aktivitäten mußten ebenso errichtet werden wie Wohnhäuser. Sozusagen als «kleines Nebengeschäft» ließ Flagler fertige Wohnungen erstellen, die er an die Beschäftigten seiner «Florida East Coast Company» (FEC) verkaufte. Die Arbeitsplätze lockten Siedler an, Hotels wurden gebaut, man spekulierte mit Grundstücken, und – das Wichtigste – die Feriengäste trafen ein. Ein allgemeiner Boom setzte ein, der zwar manche leichte und schwerere Rückschläge einstecken mußte, bis heute aber

Eine Welt für Kinder und die, die es gern geblieben wären: Als gigantischer Vergnügungspark entfaltet Walt Disney World eine perfekte Kunstwelt, die vom Märchenschloß im europäischen Stilverschnitt bis zum bemannten Raumschiff Erde reicht. © Walt Disney World Productions.

relativ ungebrochen andauert. Die Einwohnerzahl Floridas spiegelt diese Entwicklung in ihren Zahlen wider: Um 1900 lebten dort eine halbe Million Menschen, 1940 zwei, 1980 neun Millionen, und voraussichtlich werden es im Jahr 2000 an die fünfzehn Millionen sein. Von den zehn in den USA am schnellsten wachsenden zusammenhängenden städtischen Konglomeraten – den Metropolitan Areas – liegen fünf in Florida. Rasches Wachstum und die damit verbundene Erschließung von Grund und Boden konnten sich also für Jahrzehnte behaupten – trotz betrügerischer Spekulationen und Naturkatastrophen wie einem Hurrikan über Miami, der 1926 viele Menschenleben kostete und immense Sachschäden verursachte.

Denkmäler

Im Zuge des Baubooms seit der Jahrhundertwende mauserte sich Florida zum aufwendigen Urlaubsziel für wohlhabende Amerikaner: Hotels wurden errichtet, ganze Städte quasi aus dem Boden gestampft. Zu dieser Zeit entstanden die teuren Prachtbauten in Miami Beach: das Roney Plaza, das Pancoast oder das Nautilus, alle in barocken Formen und mit deutlichem Einschlag spanischer Architekturelemente.

Zur gleichen Zeit ließen sich die Multimillionäre Paläste in Florida erstellen, mehr Denkmäler der eigenen Person als Wohnhäuser. Herausragend der Ca' d'Zan in Sarasota und die Villa Vizcaya in Miami. Dagegen sahen selbst die Luxusvillen an der Seeseite der Collins Avenue in Miami Beach wie bescheidene Wochenendhäuschen aus. Ca' d'Zan: Der Zirkuskönig John Ringling ließ als Geschenk für seine Frau Mabel einen Palast mit dreißig Zimmern ganz im Stil des venezianischen Dogenpalastes errichten. Da er sich schließlich doch als zu klein für die umfangreiche Kunstsammlung des Hausherrn entpuppte, wurde zusätzlich ein eigenes Museum, einer florentinischen Villa des 15. Jahrhunderts nachempfunden, erbaut. Es beherbergt heute die größte Sammlung der Werke von Peter Paul Rubens sowie zahlreiche Gemälde von El Greco, Lucas Cranach dem Älteren, Rembrandt, Frans Hals und vielen anderen. Im Garten dominiert der David Michelangelos zahlreiche andere Skulpturen, teilweise echt, teilweise exakte Reproduktionen. Weitere Attraktionen zwischen der Residenz und dem Kunstmuseum: das Museum of Circus, das Besuchern offensteht.

Noch monumentaler ist der Palast von James Deering in Miami. Als Gemeinschaftswerk dreier Architekten entstand ein Siebzig-Zimmer-Palast, der einträchtig Renaissance, Barock und Rokoko vereint, gelegen inmitten kunstvoll gestalteter Gärten, belebt von Pavillons, Springbrunnen und Plastiken. Vor dem Palast der Jachthafen mit steinernem Wellenbrecher in Form eines Lastkahns. In den Räumen kostbares Mobiliar aus dem 15. bis 19. Jahrhundert, das aus Europa stammt.

Genauso wie heute kamen auch schon in den zwanziger Jahren nicht nur die Reichen und Superreichen nach Florida, auch weniger begüterte Amerikaner suchten das milde Klima und die schönen Strände. Damals lebten sie in kleinen Holzhäusern unter teilweise prekären sanitären Bedingungen; auch die Straßen waren ungepflastert. Nur wenige Photos der großen Romer Collection aus der Miami Dade Public Library widmen sich diesen Menschen und ihren Unterkünften; die meisten thematisieren Villen, Hotelpaläste und öffentliche Bauten. Heute leben viele dieser modernen Nomaden in Wohnmobilen, die in den zahlreichen Trailer Parks aufgereiht sind.

Disney World oder The American Dream of Life

Welches Land verfügt über die fünftgrößte Flotte der Welt? Falsch gefragt! Es handelt sich um kein Land, sondern um eine Welt mit eigenen Gesetzen und mit eigener Realität: *Walt Disney World.* Mit über vierhundert Schiffen – vom Mississippidampfer bis zum U-Boot – werden dort jährlich zehn Millionen Menschen transportiert. Das ist nur einer der vielen Superlative, mit denen die größte Touristenattraktion der Welt aufwartet. Fünf Tage reichen für den Besucher gerade aus, um dieses Universum zu durcheilen.

Ein Erlebnis ist bereits die Anfahrt. Viele Meilen vor der Einfahrt sind die Hinweisschilder auf der Interstate 4 schon von den mannigfaltigen Zielen in Disney World geprägt. Radio Disney World leitet den Anreisenden über die achtspurige Autobahn, und nach Zahlung des ersten Dollars wird jedem Auto von freundlichen, aber dezidierten Parkwächtern ein Abstellplatz auf einem der 22 000 Stellplätze zugewiesen. Auf dem Parkschein sollte man möglichst den Stellplatz genau notieren – zum Beispiel «Goofy achtzehn» –, aber auch Vergeßliche brauchen keine Angst zu haben: Der Suchdienst soll einen rosa Cadillac mit einem großen Boot auf dem Dach innerhalb einer Stunde entdeckt haben; bei unauffälligeren Autos dauert es sicher etwas länger.

Direkt vom Auto geht's weiter per Bähnchen zum Kauf eines «Worldpassports». Mit dem Fährschiff oder der futuristischen Monorailbahn gelangt man zum Magic Kingdom. Die meisten der Besucher entscheiden sich für die moderne Bahn, aber: Auf dem Bahnsteig gibt's kein Gedränge. Mit professioneller Freundlichkeit werden die Besucher in Boxen geleitet, in denen genausoviel Personen Platz finden wie anschließend in dem Bahnabteil. Höhepunkt des organisatorischen Geschicks: Die freundlichen Helfer sorgen mit scharfem Blick für die sozial homogene Besetzung der Boxen.

Nach kurzer Fahrt ist Mainstreet, der Eingang zum Magic Kingdom, erreicht. Der Weg zu Dornröschens Schloß (Cinderella Castle) ist von Geschäften gesäumt, und dann ist das bis zu sechzig Meter hohe Bauwerk, «das Beste» aus Fontainebleau, Versailles, Chaumont, mit einem tüchtigen «Schuß» Neuschwanstein, zu bewundern. Anschließend geht es erst richtig los: Adventureland, Frontierland, Liberty Square, Fantasy- und Tomorrowland. Wie wär's mit einer Flußfahrt durch den gefährlichen Dschungel, vorbei an Nilpferden und Elefanten – alles aus Plastik und Elektronik, aber täuschend echt? Oder einer Reise mit der «Big Thunder Mountain Railroad» durch die Wüste von Arizona, vorbei an Baugeräten, die aus verlassenen Minen stammen? Oder ist vielleicht ein Aufenthalt im Baumhaus gefällig? Auch hier schaffen zweihundert Tonnen Stahl und Beton zusammen mit 800 000 Plastikblättern perfekte Illusionen. Und damit haben wir Adventureland, das Land der Abenteuer, noch nicht einmal verlassen. Viele weitere Attraktionen warten noch – bis hin zur Präsidentenhalle direkt hinter Peter Pan's Domizil, wo geballte Elektronik die Präsidenten der USA zu neuer, zeitloser Existenz erweckt hat: Abraham Lincoln spricht würdevoll und bewegt sich gemessen. Die Technik hat ihm ein Leben aus siebenundvierzig Körper- und fünfzehn Kopfbewegungen eingehaucht. Alle «Wunderwerke» werden eingerahmt von einer Unzahl von Geschäften, Restaurants und Schnellimbissen.

Nach einem Besuch von Discovery Island mit echten (!) Tieren ist rasch Epcot (Experimental Prototype Community of Tomorrow), «die Welt von morgen», erreicht. Sieben Großunternehmen haben hier die Zukunft unter sich aufgeteilt: AT&T, Sperry Univac, Exxon, General Electric, General Motors, Kodak und Kraft. Neben der Geschichte des Verkehrwesens kann auch die Freiheit bewundert werden, die erst mit General-Motors-Produkten erreichbar ist: «It's Fun to be Free!» (Soviel Spaß macht die Freiheit!) Im «Universum der Energie» von Exxon wird der staunende Besucher per Bahn an den verschiedenen Stadien der Geschichte der Erde vorbeigeleitet: Urtiere, Erdbeben, aktive Vulkane bilden den Rahmen für die Entwicklungsgeschichte wichtiger Energieträger wie zum Beispiel des Erdöls.

Den «Elementargewalten» folgt World Showcase: Rund um einen See liegen zehn Länder, weitere werden folgen, denn Disney World expandiert ständig. Hier ist die Welt konzentriert auf das Wesentliche – oder zumindest das, was die Planer in Disney World dafür halten. «Germany» präsentiert sich beispielsweise als großer Biergarten mit Oktoberfest und als mittelalterlicher Marktplatz mit Geschäften für Wein, Porzellan, Bücher und Teddybären. Germany in Reinkultur ... Entsprechend sehen Mexiko, China oder Frankreich aus.

Aber noch immer ist nicht Schluß: Zwar gibt es überall Geschäfte – denn was wäre Amüsement ohne Befriedigung der Kauflust –, aber in World Village erwartet den Besucher das Finale furioso des Shoppings: Hier können exquisite Waren aus fast allen Ländern der Erde gekauft werden – natürlich alles original und keine billigen Imitate. Dann laden Luxushotels, Golfplätze, Strände zum «totalen Urlaub» ein, so die Eigenwerbung: «Walt Disney World – The Total Vacation Destination».

Disney World präsentiert Dschungel und Wilden Westen, Vergangenheit und Zukunft, Mickey Mouse und Donald Duck, USA und exotische Länder und und und. Monumentalität und Vielfalt beeindrucken. Neben Detailtreue, Ideenreichtum, kompliziertesten Anlagen und – so muß es genannt werden – Großartigkeit stehen unvermittelt Hamburgerstand, Plastik, Kommerz, Versimpelung und Kitsch: Disney World ist die Widerspiegelung des American Dream of Life. Hier werden Elemente der realen Welt geschickt gemischt und mit viel Plastik und Elektronik zu einer künstlichen Welt transformiert: sauber, konform, ohne Probleme und Widersprüche, antiseptisch – und das nicht nur wegen der zahlreichen phantasievoll gestalteten Abfalleimer und des vielen Kunststoffs. Sexualität gibt es sowenig wie bei Mickey Mouse und Donald Duck. Kriminalität? Allenfalls, wenn ein Taschendieb im Gedränge einmal zulangen sollte. Nein, Widersprüchen begegnet man nicht; alles ist wohlgeordnet und wohlorganisiert. Der Besucher wird gelenkt und durch die Traumwelt geleitet, an alles ist gedacht, und alles ist vorbereitet – in den Guide-Books sind sogar die Stellen angegeben, wo die Erinnerungsphotos geschossen werden müssen, mit Blenden- und Verschlußzeitenangabe.

Aber auch in der künstlichsten aller Welten kann die reale Welt in ihrer Vielfalt nicht ganz ausgeblendet werden, und sei es auch nur zeitweilig. Der «Streik in Orlando» war kein besonderer Effekt, für die Computerprogramme und Special effects nötig waren, sondern ein sehr schlagender und überzeugender Beweis für die Existenz der Wirklichkeit auch in diesem Traumland:

Streik in Orlando – Eine Ballade aus Florida

Selbst Uncle Sam
spielt nicht mehr mit,
weil er die Hungerlöhne
und den Zwölfstundenstreß
in Disney World satt ist.
Statt seiner Biedermannsmaske
trägt er ein Plakat:
«Macht Schluß mit dem Zirkus!»
Die mehr als achttausend Arbeiter
in Amerikas Traumland
in Orlando im Staate Florida,
die meisten Afroamerikaner
und Mexikaner, sind im heißen Sommer
1980 in den Streik getreten
und kämpfen für
menschenwürdige Arbeitsbedingungen.
Eine schwarze Frau, die
für gewöhnlich dreimal am Tag
Schneewittchens Tod im gläsernen Sarg
stirbt, leitet das Streikkomittee.
Ein Puertorikaner, der dafür
zu sorgen hat, daß in der Halle
von Philadelphia alle Viertelstunde
die Erklärung der Menschenrechte
ertönt und der erhabene Geist
von 1776 beschworen wird,
wird zum Sprecher der Streikenden
gewählt. Die sonst nur als
Micky Mouse und Mini Mouse,
als Pluto und als Donald Duck
durchs Disneyland paradieren,
verteilen Flugblätter
an die empörten Besucher.
Die Truppe, die alle Stunde
einen reibungslosen Ablauf
der Schlacht am Little Big Horn
gewährleistet und aufpaßt, daß
alle toten Indianer
zur nächsten Vorführung
wieder fit sind, verhandelt
hinhaltend mit den Bossen
der Traumfabrik.
Der schwarze Mann, der
sonst mit einer elektronischen
Steuerungsanlage darüber wacht,
daß jeder der sechzig weißen
Wachsfigurenpräsidenten Amerikas
zur rechten Zeit das rechte Wort sagt,
fordert, daß die Sonntagsarbeit
künftig besser entlohnt wird.
Die Raumschiffbesatzung, die
sieben Mal am Tag auf dem Mond
landet, verlangt die Begrenzung
der Arbeitszeit auf höchstens
acht Stunden. Kategorisch erklärt
der Streiksprecher aus dem «Zukunftslabor»,
wir starten nicht eher zu unserer
«Fahrt ins neue Jahrtausend»,
bis wir in unserer Abteilung
alle zwei Stunden fünfzehn Minuten
Pause, einen Erfrischungsraum
und zwölf Prozent Lohnerhöhung
durchgesetzt haben.

P. Schütt

Surrealismus

«Die Museen werden sich in Windeseile mit Objekten füllen, deren Nutzlosigkeit, Größe und Gedränge keine andere Wahl läßt, als in den Wüsten besondere Türme zu ihrer Aufbewahrung zu errichten.» (Salvador Dalí, 1931)

Ganz so ist es nicht gekommen, aber eine große Lagerhalle mußte schon in Saint Petersburg erworben und umgebaut werden, um die größte Sammlung von Werken des zitierten spanischen Künstlers unterbringen zu können. Aus dem Zeitraum von 1914 bis 1980 sind dreiundneunzig Ölgemälde, zweihundert Aquarelle und Zeichnungen sowie über tausend weitere graphische Arbeiten neben Skulpturen und Kunstobjekten zu sehen – ein umfassender, globaler Überblick über das gesamte Schaffen dieses nicht unumstrittenen, aber weltweit anerkannten Künstlers. Da selbst die Lagerhalle zu klein für die Präsentation des gesammelten Werks ist, wird in einem Rotationsverfahren immer ein Ausschnitt aus dem Lebenswerk des Surrealisten gezeigt. Es empfiehlt sich für Kenner, die bestimmte Werke aufsuchen wollen, vorher telefonische Information einzuholen. Ständig zugänglich sind die angeschlossene Bibliothek mit zweieinhalbtausend Bänden zum Thema Surrealismus sowie der Verkaufsstand mit Postkarten, Lithos, T-Shirts und Andenken.

Eine andere Realisation des amerikanischen Traums: der Weg zu den Sternen. Im Freilichtmuseum Cape Canaveral lassen sich Raumschiffe, Raketenbasen und Geräte für die Monderkundung tagtäglich bestaunen.

«Alles weist nur darauf hin, daß man die Wirklichkeit in naher Zukunft nur noch als simplen Zustand depressiver Denkfaulheit auffassen wird, somit als Folge von Augenblicken, wo der Zustand des Wachseins aussetzt.» (Salvador Dalí, 1930)

Bemerkenswert wie das 1982 eröffnete Museum ist seine Vorgeschichte. Dazu gehört natürlich ein Dollarmillionär – wie könnte es auch anders sein. In diesem Fall war es Reynolds Morse, Maschinenfabrikant aus Cleveland, Ohio. Er sah zusammen mit seiner Gattin Eleanor 1941 die ersten Werke Dalís im Museum of Modern Art in New York – beide waren begeistert. Sie begannen, Arbeiten des Meisters aufzukaufen und lernten ihn zwei Jahre später persönlich kennen.

Von da ab war Mr. Morse Großkunde bei Dalí, aber nicht nur das: Das Ehepaar beschäftigte sich intensiv mit dem Künstler und der Kunstrichtung des Surrealismus insgesamt, schrieb Aufsätze, übersetzte Texte und hielt vielbeachtete Vorträge. Die Sammlung, die im Lauf der Zeit den stattlichen Wert von rund dreißig Millionen Dollar erreicht hatte, wuchs in solchem Maß, daß sich Reynolds entschloß, sie zu verschenken. Bedingung war allerdings, daß sie nicht aufgeteilt werden durfte.

Nach Verhandlungen mit einschlägigen Häusern in Cleveland, San Francisco, Denver, ja sogar mit dem Dalí-Museum im spanischen Figueras, brachten schließlich die günstigen Steuerbedingungen und ein Artikel im angesehenen «The Wall Street Journal» das Vorhaben zustande: Besagte Lagerhalle in Saint Petersburg wurde als geeigneter Ausstellungsort gefunden.

«Der Begriff der wahren geistigen Kultur des Menschen wird mehr und mehr als Funktion seiner Fähigkeit zur Pervertierung seines Denkens in Erscheinung treten, denn sich pervertieren setzt immer voraus, daß man von seinem Verlangen gelenkt wird, vom erniedrigenden Vermögen des Geistes, die unbewußten Gedanken, die unter dem rudimentären Wahnbild der Phänomene zutage treten, abzuwandeln und in ihr Gegenteil zu verkehren.» (Salvador Dalí, 1931)

Die Everglades

Einmalig – die *Everglades* verdienen dieses Attribut zu Recht. Die spröde Einmaligkeit muß jedoch erst entdeckt werden, können doch die riesigen wogenden Grasfelder, nur wenig durch andere Vegetation aufgelockert, auf den ersten Blick den Eindruck der Eintönigkeit hervorrufen. Bei näherem Hinsehen jedoch ist die erstaunlich vielfältige Flora und Fauna zu bewundern, entstanden durch das Zusammenwirken des tropischen und subtropischen Klimas. In dieser einzigartigen Vegetation leben über dreihundert Vogelarten und zahlreiche Säugetiere zusammen; über sechshundert Fischarten sind in den Gewässern zu finden. Selten können in einem Gebiet so viele verschiedene Tierarten beobachtet werden, darunter auch viele, die vom Aussterben bedroht sind und/oder an anderen Orten kaum noch anzutreffen sind. Zur Vielfalt der Arten kommt als besonderer Reiz dieser Landschaft noch der komplizierte hydrologische und ökologische Zusammenhang hinzu, in dem Trockenperioden, Überschwemmungen und Feuersbrünste ebenso ihren Stellenwert besitzen wie die Wechselwirkung von Süß- und Salzwasser oder die Landgewinnung durch Mangroven – und ihre Zerstörung durch Wirbelstürme.

Das 600 000 Hektar große Naturschutzgebiet Everglades-Nationalpark ist nur ein Teil des Gebietes, das die Indianer «Fließendes Gras» nannten und das praktisch die gesamte Region Floridas südlich des Okeechobee und nördlich davon den Bereich des Kissimmee Rivers bis hin nach Orlando umfaßt. Der Kissimmee spielt eine bedeutende Rolle für die Pinienwälder, Mangroven, Zypressensümpfe und die schier unendlich erscheinenden Ebenen, die mit der bis zu dreieinhalb Meter hohen Segge bewachsen sind. Aber eigentlich sind die *Glades*, wie sie in der Umgangssprache kurz genannt werden, ein Fluß – bis zu achtzig Kilometer breit, an den meisten Stellen nur wenige Zentimeter tief. Wegen seines nur ganz geringfügigen Gefälles fließt er so träge über den Kalksteinboden und die dünne darüberliegende Erdschicht, daß dies – auch bei sorgfältiger Beobachtung – meist nicht feststellbar ist. Im Norden dieses Flußgebietes überwiegen Zypressensümpfe, die meist überflutet sind. Offener ist das Gelände im Gebiet des Shark River Slough, wo zahlreiche, meist kreisförmige Inseln mit Harthölzern aus dem Cladiumgras ragen. Im Quellgebiet des Shark Rivers sind in den Cladiumfeldern deutlich Bachläufe zu erkennen, an deren Ufern bereits die ersten Mangroven anzutreffen sind. Süß- und Salzwasser vermischen sich in der vierten Region; das Landschaftsbild wird von Mangroven bestimmt. An der Küste zum Golf von Mexiko und zu den Keys hin befinden sich schließlich die «Ten Thousand Islands» und dichte Mangrovengebiete, die dem Meer stets neues Land abringen.

All diese Gebiete bilden eine organische Einheit, zu der auch die Abfolge von Trocken- und Regenzeit gehört – auch wenn die Everglades eine Wasserlandschaft sind. In der Trockenzeit von November bis April sterben die Tiere in Massen. Für das Überleben vieler Arten von ausschlaggebender Bedeutung sind die von den Alligatoren und Krebsen gegrabenen Wasserlöcher; andere Tiere fallen in den Trockenschlaf, zahlreiche Vögel und fliegende Insekten fliehen in nördlichere Regionen. Die starken Regenfälle vom Mai bis Oktober erwecken dann die Everglades zu neuem Leben, darunter auch die unvorstellbar großen Moskitoschwärme, so daß der Besuch in diesen Monaten für den Menschen kaum erträglich ist. Aber ansonsten sind die Everglades eins der lohnenswertesten Besuchsziele in Florida, das man nicht versäumen sollte, auch wenn nur wenig Zeit zur Verfügung steht. Die ursprüngliche Wildnis übt eine unwiderstehliche Faszination aus, zumal auch direkt neben den Straßen keine Souvenirshops, Motels oder Hamburgerrestaurants das Bild verwischen. Lediglich Zeit sollte mitgebracht werden, um in Ruhe beobachten zu können, oder um Fahrten mit den von Flugzeugpropellern getriebenen Airboats – allerdings auch außerhalb des Nationalparks – zu erleben.

Einige Jahre lang schien es, daß den Everglades wohl nur noch eine begrenzte Lebenszeit beschieden sei, denn zu massiv waren die Einschnitte in die Lebensbedingungen durch die ständige Ausdehnung von besiedelten Gebieten und den Abzug der Wasserzufuhr zugunsten der Versorgung der Städte mit Trinkwasser. Aber ein geschärftes Umweltbewußt-

Mangrovenwälder prägen das Bild der Everglades; die von den Einheimischen «junk trees» genannten Neulandgewinner leisten gute Dienste als Wellenbrecher und bieten Schutz als Nistplatz.

sein hat dazu geführt, daß viele Maßnahmen zur Erhaltung sowohl der Wasserzufuhr wie zur Respektierung des gesamten Gebietes ergriffen wurden. Tierarten wie zum Beispiel die Alligatoren wurden durch gezielte Maßnahmen geschützt, so daß die vom Aussterben bedrohten Echsen heute wieder zahlreich vorhanden sind, um während der Trockenperiode genügend Wasserlöcher zu graben, die damit auch zum Überleben vieler anderer Tiere beitragen. Es ist noch nicht sicher, aber doch zu hoffen, daß die Everglades erhalten bleiben, zumal für die nächste Zukunft zahlreiche Maßnahmen dafür geplant sind.

Land entsteht

Noch bis vor wenigen Jahren schätzte man in Florida die Mangroven nicht gerade. Sie galten als unnütz, als Verschandelung der schönen Küste und fielen oftmals der Motorsäge zum Opfer. In der Tat entsprechen lediglich die Mangroven in trockeneren Gegenden in etwa den üblichen Vorstellungen von Bäumen. An der Küste und in wasserreichen Gegenden bilden die Roten Mangroven hingegen ein undurchdringliches Dickicht aus unzählbar vielen dünnen Stämmchen, kaum von ihren Ästen zu unterscheiden. Stämmchen und Äste sind vielfältig geformt; gekrümmt und gewunden stellen sie ein Labyrinth dar. Um den verwirrenden Eindruck abzurunden, ragen dazwischen die Stützwurzeln aus dem Wasser heraus, um dann im Bogen wieder darin zu verschwinden. Darüber wölbt sich in einer Höhe von neun und mehr Metern eine grüne Kuppel aus den länglichen, ovalen Blättern, fast noch undurchdringlicher als das Gemisch von Stämmen, Ästen und Wurzeln. Erst bei steigender Flut färbt sich das Wasser durch das in der Rinde enthaltene Tannin rötlich – daher auch die Bezeichnung –, übrigens die einzige echte Mangrovenart, die in Florida anzutreffen ist und vor allem das Erscheinungsbild des Südens der Halbinsel bestimmt.

Dieser auf den ersten Blick nicht gerade ansehnliche «Wirrwarr» schützt nicht nur die Küste und bietet zahlreichen Pflanzen und Tieren Lebensraum, sondern ermöglicht die Gewinnung von Land aus dem Meer. Allein in den letzten vierzig Jahren haben Mangroven über sechshundert Hektar Land geschaffen und bei so manchem Wirbelsturm größere Schäden verhindert. Viele mit Mangroven vertraute Menschen flüchten sich bei einem gefährlichen Hurrikan dorthin, um so, zusammen mit den ebenfalls schutzsuchenden Tieren, zu überleben.

Wie gewinnen nun Mangroven Land? Die Rote Mangrove blüht im Frühling; dann ist ihre sonst grüne Blätterkrone übersät und durchsetzt von kleinen gelben, süß duftenden Blüten, nicht breiter als drei Zentimeter. Nach einigen Wochen sprießen aus den mittlerweile grün-bräunlichen Beeren längliche Stengel. Diese Sämlinge müssen nicht mehr keimen, sondern wachsen schon am Baum zu einem neuen – wenn auch kleinen – Baum heran. Diese seltene Art der Vermehrung sichert das Überleben der Mangrove; das salzhaltige Wasser würde jede Keimung verhindern.

Etwa im August lösen sich die kleinen Stengel vom «Elternbaum» und beginnen ihr eigenes Leben. Einmal im Wasser, kann der Sämling über zwölf Monate lang schwimmen, ohne seine Fähigkeit zum Wurzelschlagen zu verlieren, sobald er festen Untergrund gefunden hat – selbst eine Sandbank ist ausreichend. Ist ein Untergrund gefunden, krallen sich die Wurzeln fest und treiben ihrerseits Stützen aus, die Halt geben und dem Sämling Nahrung, Sauerstoff und Wasser zuführen. In dem immer dichteren Gewirr bleiben Blätter – auch die des eigenen Baumes –, Muscheln, Sand und sonstige feste Partikel hängen. Dichter und dichter werden Netz der Stützwurzeln und feste Partikel, die langsam zu Erdreich transformiert werden. So bildet sich der Mangrovenwald weiter aus, und auf Sandbänken, sogar auf Untiefen entstehen Inseln, die in dieser Weise weiterwachsen.

Als erste Tierart klammern sich Austern an der fest verwurzelten Mangrove fest; Vögel bauen ihr Nest, andere Tierarten folgen. Langsam entsteht durch Blätter, Partikel und Exkremente Erdreich. Im Lauf der Jahrzehnte treibt der Mangrovenwald entweder die Küste weiter in das Meer, oder er schafft auf einer Sandbank oder Untiefe eine Insel. Ein Hurrikan kann allerdings mit einem Schlag fünfzig bis siebzig Prozent der an der Küste gewachsenen Mangroven vernichten. Aber auch diese Zerstörung hat einen positiven Aspekt: Durch den Hurrikan werden Sämlinge Hunderte Kilometer weit gewirbelt, um danach Wurzeln zu schlagen. Auch die entwurzelten und abgestorbenen Mangroven haben eine Funktion, bieten sie doch Sämlingen Schutz. Darüber hinaus tragen sie zur Festigung des Bodens und damit zur Schaffung neuen Landes bei. So ist Zerstörung kein Ende, sondern Beginn eines neuen Lebenszyklus.

Florida – das ist Vielfalt

Florida lädt zum Erkunden und Kennenlernen ein. Ständig sind neue Entdeckungen in seinen sieben Regionen möglich, die Gemeinsamkeiten wie das milde bis schwüle Klima aufweisen, aber auch mit unterschiedlichen und zum Teil überraschenden Details – vom «fließenden Gras» über die perfekten Strände des Westens bis hin zur munter-urbanen Kultur der Ostküste – aufwarten. Last, not least: die Keys, literarischer Ort und Erholungszentrum zugleich.

Am bekanntesten: sicherlich der Südosten mit den Stränden von Palm Beach über Fort Lauderdale bis Miami Beach, wobei das Konglomerat Miami mit Miami Beach, Coral Gables und Hialeah vermutlich nicht nur die bekannteste Stadt, sondern auch *das* Touristenzentrum Floridas ist. In dieser Region liegen die Brighton Seminole Indian Reservation und die Keys mit der etwa 180 Kilometer langen Fernstraße über dem Meer, die bis nach Key West führt – eine ebenso sehenswerte Stadt wie der auf dem Weg liegende John Pennekamp Coral Reef State Park, wo mit Schnorchel oder Glasbodenboot ein über zweihundert Quadratkilometer großes lebendes Korallenriff bewundert werden kann.

Fortsetzung Seite 41

trandstimmung auf Sanibel Island, berühmt für ihren muschelübersäten Strand, der zahlreiche Sammler anzieht.

olgende Doppelseite: Zahlreiche seltene Vogelarten sind auf anibel Island anzutreffen; Alligatoren, Ottern und Schildkröten leben in diesem Schutzgebiet. Trotz des beachtlichen Touristenaufkommens gibt es an iesem Fleckchen der Westküste Floridas immer noch einsame Paradiese zu entdecken.

Neben der unermüdlich strahlenden Sonne das Symbol des selbsternannten Sunshine-State Florida: Palmen, flankiert von einem Blütenmeer aus strahlendem Pink.

Eldorado für Tau-
-ber, Schnorchler und Surfer: Key Largo, auf dem eindrucks-
-ollen Highway Nr. 1
-om Festland aus zu erreichen.

Tropische Vegetation dominiert im Süden der Halbinsel; sommerliche Durch-
-schnittstemperaturen um 30 Grad locken -ahlreiche «Bleichgesichter» von der anderen Seite des Atlantiks in die kühlenden Fluten.

Idyll à la Florida: Man trifft sich zum Picknick unter Palmen – zwischen einem Meer von Liegestühlen, Sonnenschirmen und Kühltaschen.

Strandleben in Saint Petersburg, das sich seit dem Zweiten Weltkrieg zum beliebten Überwinterungsdomizil entwickelt hat. Zahlreiche Hotels der verschiedenen Preisklassen – die feinsten unter ihnen wie hier das «Don Cesar» im europäisch angehauchten Zuckerbäckerstil – laden zur Flucht aus Kälte und Schnee ein.

Palmenlandschaft Florida: Die dattelschweren Exoten wurden neben Orangenblüte und Spottdrossel sogar zum Staatssymbol erhoben

Zwei Architekturstile, eine Gesellschaftsschicht, die zu repräsentieren weiß. Villa mit Blockhauscharakter, umgeben von einer schattigen Parklandschaft.

Traumhaus in sanften Bonbontönen in Naples, dem «Tor zu den Everglades».

Holzarchitektur, Brücken- und Hüttenformen auf den Holiday Islands, die von Bradenton ein lohnendes Ausflugsziel bieten. Trotz lebhafter Touristenströme haben sie sich den schläfrigen Charme kleiner Fischerorte bewahren können.

JACK'S
BAIT
TACKLE
JACKS BAIT
CAST-NET

Zwei diametral entgegengesetzte Architekturformen – eine Stadt: Tampa, das sich vom Siedlerort zum Armeestützpunkt und später zu industrialisierten, quirligen Stadt entwickelte.

olgende Doppelseite: 'orida – Strandvorkommen in Superlativen: Rund 3000 'ilometer Küste können mit rund 1060 Kilometern verbriefer Badestrände aufwarten. Ein Sand, der Experten zum Schwärmen bringt, ohne Steine, Teer- und Ölflecken.

15
23
16
56407

975
6979
17
79

Ein ganz anderes, sehr abwechslungsre[...] ches Bild der Halbinsel zwischen Golf und Atlantik: Fluß und Seenlandschaft Florida. Die Angaben der Experten schwanken bei der genauen Zahl der Binnengewässer; Schätzungen liegen zwischen 7000 und 30 000.

Die Hauptattraktion der zentralen Ostküste, die sich von Ormond Beach bis Jupiter erstreckt, ist neben den Stränden *Cape Canaveral*. Wie bereits Jules Verne im 19. Jahrhundert vorausgesagt hat, starten von Florida aus die amerikanischen Expeditionen in das Weltall, und im Kennedy Space Center wird viel Information über die Raumfahrt geboten. Zu finden sind in dieser Region auch Superfarmen mit Zitrusfrüchten, ebenso karges und armes Land wie die Gegend um De Land, die fast das Armenhaus Floridas genannt werden kann. Mangels anderer Möglichkeiten kommen von hierher viele Freiwillige zur US-Army: mit geringer Schulbildung, patriotisch, ehrgeizig und – so kennzeichnet sie die «Washington Post» – «four-square».

Der Nordosten Floridas wird geprägt durch zahlreiche Naturschutzgebiete sowie durch das emsige Jacksonville mit einem großen Navy-Stützpunkt. Jacksonville mit 600 000 Einwohnern ist die flächengrößte Stadt der USA: Über achthundert Quadratmeilen nimmt das Stadtgebiet in Anspruch. Das intellektuelle Zentrum Floridas, die University of Florida, mit Sitz in Gainesville, befindet sich ebenfalls in dieser Region wie die älteste Stadt der USA, Saint Augustine.

Der Nordwesten, volkstümlich «Panhandle» genannt – ein Blick auf die Landkarte erklärt die Bezeichnung –, zieht sich von Pensacola bis zum Suwannee River. Es ist die abgelegenste und waldreichste Region Floridas, mit zahlreichen Wasserläufen und so gering erschlossenen Gebieten, wie sie sonst in Florida nicht anzutreffen sind; hier liegt auch die Hauptstadt Tallahassee.

Floridas Westküste ist die ursprünglichste Region. Hier geht es wesentlich geruhsamer als an der hektischen Ostküste zu, und diese spürbare Gelassenheit paßt auch beispielsweise zu Sarasota, dem künstlerischen Zentrum Floridas mit dem Asolo State Theater und der Kunstsammlung im Ringlingmuseum. Nicht von ungefähr überwintern in Venice ganze Zirkusmannschaften, und hier hat sich auch eine der wenigen Schulen für professionelle Clowns etabliert – Tausende von Bewerbern melden sich jährlich für die sechzig Ausbildungsplätze. Von Homosassa Springs bis Flamingo dehnt sich diese Region aus.

Zentralflorida bildet eine eigene Region, ihre unerklärte Hauptstadt ist das Zentrum der industriellen Aktivitäten dieses US-Staates: Orlando. Neben Disney World und vielen anderen Vergnügungszentren am Rand des «Fun-Trails» sind hier zahlreiche Seen und Flüsse sowie riesige Zitrusplantagen anzutreffen, aber auch die Farmen und die Bereiche der Everglades, die am wenigsten von Touristen besucht werden.

Wer sich nicht nur für Landschaften interessiert, sondern auch für die Menschen, die dort leben, der findet eine beachtliche Vielfalt von Gruppen. Einzelne Volksgruppen sind schwer kennenzulernen, so die Kubaner – wer kennt ihre Sprache? – oder die Schwarzen – wer kennt ihre Vorstellungen und Ideen, wer kann (und will) verstehen, welches die Hintergründe für die sporadisch, aber stetig auftretenden Aufstände sind, die als «Rassenkrawalle» Schlagzeilen machen? Das Bild der einheimischen weißen Bevölkerung – also ohne die zugezogenen Rentner aus praktisch allen Staaten der USA – wird bestimmt von den «Crackers» und den «Yankees». Sind letztere die «Zugezogenen», so haben erstere eine Bodenständigkeit aufzuweisen, die sie gegen die Yankees zwar unaufdringlich, aber doch betont vorweisen. Ist für den Yankee das «How do you do» nur eine Floskel, auf die man am besten nur mit der gleichen Floskel antwortet (alles andere ruft Unverständnis hervor), so kann bei den Crackers sich daraus durchaus ein Gespräch entwickeln – vorausgesetzt, der Gesprächspartner wird als ebenbürtig akzeptiert. Crackers bevorzugen den Norden und die Westküste, ihnen ist Hektik ebenso unangenehm wie Gedränge und Menschenansammlungen, und sie genießen ihr Florida, das so vielfältig, farben- und formenprächtig ist, auch gern mit dem Besucher. Der Begriff, der dieses ganz eigene und mit anderen Wesensarten kaum vergleichbare Lebensgefühl am besten charakterisiert, heißt «Lagniappe» und stammt aus dem spanisch-kreolischen Dialekt. Eine festgelegte Übersetzung dafür gibt es nicht; gemeint ist damit eine gehörige Portion Freundlichkeit, egal ob es sich um ein unerwartetes Extra im Hotel oder eine besonders freundliche Auskunft am Straßenrand handelt. Es lohnt sich, Florida in seiner ganzen Vielfalt kennenzulernen.

Zur Geschichte und Kultur Floridas

Die Entdeckung Floridas

Am Palmsonntag des Jahres 1512 entdeckte Juan Ponce de Leon Pasqua Florida, die schmale Landspitze zwischen dem Golf von Mexiko und dem Atlantischen Ozean. Der nördliche Teil ist dichter besiedelt und besitzt mit Pensacola eine der bedeutendsten Werften der Union. Das Land mißt 15 365 440 ha an der Oberfläche und ist noch sehr jung. Seine Gestade sind zum großen Teil Korallenriffe und Muschelbänke, aber nach dem Innern des Landes zu wird der Boden fruchtbarer. Ein dichtes Netz von Creeks, Rios, Wasseradern, Sümpfen und Seen überzieht ihn, er steigt sanft an und der tropischen Sonne entgegen, riesige Ananasprärien, Reisfelder, Baumwollfelder und Tabak- und Zuckerrohrplantagen dehnen sich aus. Hier wohnen die Seminolen. Tampa-Town hat 3000 Einwohner. Die Espiritu-Santo-Bai teilt sich in zwei Reeden: die von Tampa und die von Hillisboro. Tampa-Town liegt zwanglos im Hintergrund des kleinen natürlichen Hafens, den die Mündung des Flusses Hillisboro bildet. Auf die fruchtbaren Landschaften folgt die Waldregion, bestehend aus Granat-, Orangen-, Zitronen-, Feigen-, Oliven-, Aprikosen- und Bananenbäumen und Weinreben von ungeheurer Größe. Ihre Blüten und Früchte wetteifern miteinander in Farbe und Wohlgeruch. Im duftigen Schatten der Bäume tummelt sich eine ganze Vogelwelt in glänzendsten Farben.

Jules Verne, «Von der Reise zum Mond», 1877

Auf der Suche nach Eldorado

Am 18. Mai des Jahres 1539, einem strahlend schönen Sonntag mit frischem Segelwind, nahm Don Hernando bewegten Abschied von Doña Isabella, wobei er guten Glaubens versicherte, in spätestens einem Jahr wieder bei ihr zu sein. Jeder im Heer war davon überzeugt und glaubte fest daran, mit reicher Beute heimzukehren. Was Cortez in Mexiko und Pizarro in Peru gelungen war, konnte einem so erfahrenen Führer wie de Soto gewiß nicht mißlingen. Weder Cortez noch Pizarro hatten geahnt, daß sie in sagenhaft reiche Länder vorstießen. Doch von Florida wußte man mit Sicherheit, daß dort Gold und Perlen zu finden waren. Hatten nicht schon Ponce de Leon und Velasquez de Ayllón davon mitgebracht? Man mußte eben nur tief genug in das Land eindringen. Die vier Indianer, die Juan de Añasco in Florida gefangen hatte und die nun als Dolmetscher das Heer begleiteten, versicherten ja immer wieder, daß im Hinterland der Tierra Florida alle Gerätschaften der Eingeborenen aus Gold gemacht seien. Auch Perlen seien so gewöhnlich, daß die Kinder damit spielten. Also wurden Schmelzöfen mitgenommen, um die goldenen Götzenbilder, die Schalen, Töpfe und Teller an Ort und Stelle in handliche Goldbarren umzuschmelzen. Kein Mann ging ohne ein paar Lederbeutel an Bord, in die er gedachte, seine Perlen zu sammeln.

Aber das waren nur die materiellen Hoffnungen. Dem zwiespältigen Wesen jener Zeit und ihrer Menschen, die zur Entdeckung neuer Welten auszogen, entsprachen noch andere Motive, die sie für lobenswert, ja für edelmütig hielten. Es war einmal unstillbare Sucht nach persönlichem Ruhm und zum anderen die feste Überzeugung, daß es die heilige Pflicht christlicher Soldaten war, ihren Glauben auszubreiten. Ganz gleich, mit welchen Mitteln es geschah, die Seelen der verblendeten Heiden mußten gerettet werden. Jeder

Wilde in paradiesischer Nacktheit: So stellten sich die ropäischen Eroberer die Ureinwohner Floridas vor. (Stich von de Bry, 1591)

bekehrte Indio war ein Sieg über den Herrn der Hölle. Jeder Landstrich, den man für die Herrschaft des Kreuzes und des Kaisers eroberte, war ein Gewinn für die Christenheit. Wer an diesem Eroberungszug teilnahm, durfte auf Vergebung seiner Sünden hoffen, so schwer diese auch waren. Der Zweck heiligte die Mittel, gar viele Wege führten zu den Pforten des Himmels.

Gott und Gold, Ruhm und Raubgier, alles hatte nebeneinander Platz im Herzen der Konquistadoren. Sie entdeckten und eroberten, sie plünderten und mordeten. Und nannten sich dabei christliche Soldaten. Sie trugen das Kreuz in fremde Länder und pflanzten an seine Seite die Fahne Spaniens. Sie brachten in große Teile der Neuen Welt die Kultur des Abendlandes und erlösten viele hundert Völkerschaften von der primitiven Form ihres Daseins, während sie gleichzeitig Grausamkeiten ohne Beispiel begingen. Priester und Bluthunde, Edle und Schurken, sie alle gehörten zu einer Konquista. Die Expedition Hernando de Sotos bildete keine Ausnahme. Achthundert Spanier segelten der Tierra Florida entgegen. [...]

Am 3. September befahl de Soto den Weitermarsch nach Nordwesten. Er war überzeugt und blieb auch nach allen Fehlschlägen bei seiner Meinung, daß dieses große, wilde Land ihn noch reich belohnen werde. Man war eben noch immer nicht weit genug vorgedrungen, hatte noch keine der wirklich bedeutenden Ortschaften erreicht, die in Cabeza de Vacas Bericht geschildert wurden.

Der Kaiser erwartete von de Soto eine neue Provinz oder verlangte zumindest einen umfassenden Bericht, wie die Tierra Florida beschaffen war und welche Möglichkeiten der Kolonisation sich boten. Davon abgesehen hatte Don Hernando fast sein gesamtes Vermögen für die Expedition geopfert und wollte es wieder aus Florida herausholen. [...]

Die Wälder Floridas strahlten in den schönsten Farben des Herbstes. Goldgelb und violettblau glänzten die Blätter in der Morgensonne, rote Beeren hingen wie Trauben von den Bäumen. Im Sumpf wuchs wilder Reis, auf den Teichen schwammen die herrlichsten Seerosen. Bis auf den Boden herab hingen in den feuchten Wäldern graugrüne Moosflechten von den Ästen.

Wildreich war diese Gegend. Rotwild und eine kleinere, zierliche Hirschart mit geflecktem Fell begegnete den Spaniern. Auf den Sandbänken der Flüsse und am seichten Ufer der vielen Seen tummelten sich Alligatoren, Schwarzbären hausten in den Wäldern und auf den Grassteppen Kojoten, von den Spaniern für wilde Hunde gehalten. Vögel überall, viele davon in buntschillernden Farben und mit langem, wippendem Federschwanz.

«Kolonisten muß man später herüberholen», wiederholte de Soto immer wieder, «sie könnten dieses Land zu einer der reichsten Provinzen Spaniens machen.»

Es gab dafür alle Voraussetzungen: den fruchtbaren Boden und das milde Klima, Wasser in Hülle und Fülle, Holz von Eichen, Fichten und Zypressen. Jede Frucht und jede Getreideart, die man in Spanien anbaute, mußte auch hier gedeihen, vielleicht sogar mit zwei Ernten im Jahr. Grünes Weideland ohne Grenzen mit saftigem Gras, das viel höher stand als auf den besten Weiden im Süden Europas. Aber es würde noch lange dauern, bis sich solche Hoffnungen erfüllten. Die kriegerischen Bewohner Floridas konnten nicht mit den Indios von Peru, Mexiko und Mittelamerika verglichen werden. Auch den Missionaren würde es nicht so leicht gelingen, ihre Seelen aus den Krallen des Teufels zu befreien. Diese Heiden hielten den Sonnenball für die gebietende Gottheit der Welt und den Mond für die Mutter der Nacht, glaubten außerdem noch an viele Geister und Dämonen.

HANS-OTTO MEISSNER, «Der Kaiser schenkt mir Florida – Die Abenteuer des Hernando de Soto», 1983

«Der Kaiser schenkt mir Florida»

«Der Kaiser schenkt mir Florida», schrieb Hernando de Soto seiner Frau am 6. April des Jahres 1537 aus Valladolid, «gewiß hat nie zuvor ein schlichter Edelmann von seinem Herrscher ein so großes Geschenk erhalten. Denn es scheint mir nach Cabeza de Vacas Berichten an Seine Majestät, die ich nunmehr einsehen konnte, daß die Tierra Florida an Ausdehnung das spanische Königreich bei weitem übertrifft.»

Allerdings gehörte das wahrhaft kaiserliche Geschenk gar nicht dem Schenkenden. Und de Soto, der mit diesem riesigen, in seinen Ausmaßen völlig unbekannten Land beschenkt wurde, mußte Florida erst einmal entdecken, erforschen und seinen rechtmäßigen Besitzern wegnehmen. Für diese gewaltige Aufgabe stellte Karl V. seinem Konquistador weder ein Schiff noch einen Mann und schon gar nicht einen Dukaten zur Verfügung. Alle Kosten waren von Don Hernando aus eigener Tasche zu zahlen. Er mußte Matrosen und Mannschaften anwerben, ebenso die Handwerker, die Priester, die Offiziere und die Beamten der künftigen Verwaltung Floridas. Es war seine Sache, die Schiffe bereitzustellen und für die gesamte Ausrüstung zu sorgen. Der Kaiser wollte zwar eine neue Provinz seinem Reich gewinnen, doch dafür weder in die Staatskasse noch in die kaiserliche Privatschatulle greifen. Seine Gegenleistung für de Sotos Dienste beschränkte sich auf die Verleihung von Ehrenämtern, die nur ein paar Federstriche kosteten.

Don Hernando wurde zum *Adelantado* der Tierra Florida ernannt, das heißt zum kaiserlichen Statthalter einer Provinz jenseits des Ozeans, die noch nicht einmal auf dem Papier existierte. Mit dieser Ernennung waren alle zivilen wie militärischen Rechte und Pflichten verbunden. Gleichzeitig hatte Karl V. verfügt, die Inseln Kuba und Portoriko, die bislang zum Vizekönigreich Neuspanien gehörten, der Verwaltung de Sotos zu unterstellen. Dieser konnte sich damit beim Vorstoß nach Florida auf eine Ausgangsbasis stützen, die schon seit mehr als dreißig Jahren in Händen der Spanier war. Um die Stellung und das Ansehen Don Hernandos noch weiter zu erhöhen, was auch für die Werbung von Freiwilligen von Vorteil

Zusammenprall zweier Welten und zweier Kulturen: Bis an die Zähne bewaffnete spanische Konquistadoren trafen auf «Wilde», die sie per Eisen oder Mission zu unterwerfen suchten. Der Stich zeigt die Indianer beim Fischen.

Phosphoreszierendes Meer vor der Küste Floridas, das jahrhundertelang den Mythos von «Eldorado», dem Goldland, verkörperte. (Um 1880)

war, verlieh ihm Karl V. die Würde eines Ritters von Santiago, einen der höchsten Ehrentitel, die der Kaiser überhaupt zu verleihen hatte. Wenn de Sotos kühnes Unternehmen gelang, sollte er in den Rang eines «Marques» erhoben werden.

An die großmütige Erlaubnis, die Tierra Florida auf eigene Kosten und Gefahr für Spanien in Besitz zu nehmen, waren aber zahlreiche Bedingungen geknüpft. De Soto durfte erst zu seiner Expedition aufbrechen, wenn ihm eine Truppe von fünfhundert Mann zur Verfügung stand, die allen erforderlichen Ansprüchen voll genügen konnte. Die für ihren Transport notwendigen Schiffe mußten in bestem Zustand sein, ebenso die Bewaffnung, alle übrige Ausrüstung und ausreichender Proviant. Die Prüfung der Auflage und ihrer Erfüllung oblag kaiserlichen Beamten. Eine weitere Bedingung verlangte, daß zwölf Priester die Expedition begleiteten, für das Seelenheil der Truppe und zur Bekehrung der Heiden. Für jeden Teilnehmer am Zug nach Florida bestimmte Karl V. ein Jahresgehalt, natürlich zu Lasten Don Hernandos. Es wurde ihm aufgetragen, die Eingeborenen Floridas so milde wie möglich zu behandeln und keine Sklaven zu jagen. Ein Fünftel von allen Edelmetallen, Perlen und Edelsteinen, die man, gleich auf welche Weise, erwarb, war an die Kasse des Kaisers abzuführen.

Damit letzten Endes auch de Soto für all seine Mühen und Ausgaben nicht unbelohnt blieb, wurde ihm erlaubt, von den Einkünften aus Florida beträchtlich mehr einzubehalten, als seine Unkosten ausmachten. Voraussetzung dafür war eben nur – und das war de Sotos Risiko –, daß die Tierra Florida entsprechend reiche Beute zu bieten hatte und daß man später Steuern eintreiben konnte. Ungefähr zweihundert Quadratkilometer Land durfte der Konquistador als Eigentum in Besitz nehmen, und zwar nach seiner freien Wahl und vom besten Boden. Auch jedem seiner Begleiter sollte, je nach Rang und Verdienst, Landbesitz in der Größe spanischer Rittergüter zugeteilt werden. So hatte sogar der einfachste Soldat die Aussicht, Großgrundbesitzer zu werden. Als Arbeitskräfte für die zukünftigen Farmen und Plantagen waren die Eingeborenen des Landes vorgesehen, ob sie es wollten oder nicht. Notfalls würde man sie eben einfangen und zur Arbeit zwingen, Sklaven aber waren sie deshalb noch nicht, sondern nur an die Scholle ihrer Herren gebunden. «Encomienda» nannte man dieses System der Leibeigenschaft. Es war schon in den anderen spanischen Kolonien eingeführt und hatte sich nach Ansicht der Kolonialherren bewährt.

Wie die Bewohner Floridas hierüber denken mochten, danach wurde nicht gefragt. Die Indianer mußten doch Gott und dem Kaiser auf Knien danken, daß man sie zum rechten Glauben bekehren wollte und sie Untertanen der spanischen Krone wurden.

Hans-Otto Meissner, «Der Kaiser schenkt mir Florida – Die Abenteuer des Hernando de Soto», 1983

Grausame Geschichte der Kolonisation

Seit dem Jahr eintausend fünfhundert und zehn, zogen drei verschiedene Tyrannen zu verschiedenen Zeiten in dies Land, und hauseten daselbst eben so, wie es die andern alle, und besonders zwei von ihnen, in andern Gegenden Indiens getan hatten. Sie gingen nämlich darauf aus, sich mit dem Schweiß und dem Blute ihrer Nebenmenschen zu bereichern, und sich dadurch in Glücksumstände zu versetzen, die ihre Verdienste weit überstiegen. Sie alle drei starben eines bösen Todes, und gingen mit Haus und Hof, die sie in vorigen Zeiten mit Menschenblut erkauft hatten, zu Grunde. Ich selbst kann dies von allen dreien bezeugen; und ihr Gedächtnis ist nunmehr von der Oberfläche der Erde vertilgt, als hätten sie nie unter die Zahl der Lebendigen gehört. Sie hinterließen einen sehr übeln Ruf, und im ganzen Lande ward ihr Name nie ohne Verachtung und Abscheu genannt. Hier und da begingen sie einige Mordtaten; doch waren ihrer nicht viel, denn Gott raffte sie hinweg, ehe sie die Zahl derselben vergrößern konnten. Er richtete sein Auge auf sie, und bestrafte sie allhier für das Böse, das sie in andern Gegenden begingen, und welches ich selbst erlebt und mit angesehen habe.

Auch nach dem Abzug der Spanier gab es zahlreiche Auseinandersetzungen zwischen weißen Siedlern und den Seminolen. In Forts suchten sich die Siedler vor Attacken zu schützen.

Der vierte Tyrann kam noch ganz neuerlich, nämlich im Jahr eintausend fünfhundert acht und dreißig, mit großen Absichten und einem zahlreichen Gefolge hier an. Seit drei Jahren aber hört und sieht man weiter nichts von ihm. Indessen wissen wir so viel gewiß, daß er gleich nach seiner Ankunft sehr grausam verfuhr, und sodann plötzlich verschwand. Sollte er noch leben, so wird er nebst seinen Gefährten in diesen drei Jahren, allem Vermuten nach, viele und zahlreiche Völkerschaften vertilgt haben, wenn er anders dergleichen auf seinem Zuge angetroffen hat. Denn er ist einer von den Erfahrenen und Ausgelernten, und gehört mit zu denen, die nebst ihren Spießgesellen ganze Reiche und Provinzen zugrunde richteten. Doch glauben wir vielmehr, Gott werde ihn auf die nämliche Art hinweggenommen haben, wie die andern.

Drei oder vier Jahre nachher, als ich obiges schrieb, kam der Überrest jener Barbaren, welche besagten Obertyrannen nach Florida begleiteten, von da zurück. Er war vor ihrer Abreise gestorben, und ich erfuhr von ihnen eine Menge unerhörter Grausamkeiten und Übeltaten, die sowohl von ihm selbst, als nach seinem unseligen Tode von diesen Unmenschen an den unschuldigen Indianern, die nicht das geringste verbrochen hatten, verübt worden waren; mithin war dasjenige, was mir lange zuvor ahnete, nicht unbegründet. Es sind dieser Verbrecher so viel, daß die Regel, welche ich weiter oben als Grundsatz annahm, auf's neue dadurch bekräftigt wird, daß nämlich die Spanier nur desto größere Sünden und Missetaten gegen Gott und ihre Nebenmenschen begehen würden, je weiter sich ihre Entdeckungen und Verwüstungen erstreckten. Wir sind es müde, alle ihre verwünschenswürdigen Exzesse und Blutschulden hier anzuführen; denn sie handelten nicht wie Menschen, sondern wie reißende Tiere. Deswegen können wir uns unmöglich entschließen, davon mehr als folgendes zu berichten.

Sie trafen große Ortschaften an, die von gesitteten, kultivierten und gutdenkenden Menschen bewohnt wurden. Unter diesen richteten sie, wie gewöhnlich, ein Blutbad nach dem andern an, damit sich ihre Herzen darüber entsetzen sollten. Auch sie wurden dadurch geängstigt und hingerichtet, daß man ihnen Lasten, wie dem Vieh, aufbürdete. Ward etwa einer oder der andere müde, oder konnte er nicht fort, so schlossen sie ihn, wenn andere vor ihm hergingen, nicht etwa von der Kette los, sondern hieben ihm, dicht über dem Halseisen, den Kopf herunter, daß der Körper auf diese, und der Kopf auf jene Seite fiel, wie wir bereits an mehreren Stellen sagten.

Einst kamen sie an einen Ort, wo sie mit Freuden aufgenommen wurden. Man gab ihnen nicht allein Lebensmittel im Überfluß, sondern auch sechshundert Indianer, ihr Gepäck fortzuschaffen und ihre Pferde zu besorgen. Kaum waren die Barbaren fort, da kam ein Offizier wieder zurück, der ein naher Anverwandter vom Obertyrannen war. Dieser plünderte das Dorf, dessen Einwohner sich nichts Böses vermuteten, stieß den König und Herrn des Landes nieder, und beging noch andere Grausamkeiten mehr.

In einem andern großen benachbarten Orte hieben und stachen sie jung und alt, groß und klein, ohne alle Gnade und Barmherzigkeit darnieder, weil es ihm schien, als wären die Einwohner, die von ihren schändlichen und grausamen Handlungen gehört haben könnten, zu sehr auf ihrer Hut. Einer großen Anzahl Indianer, und zwar, wie man sagt, ihrer zweihundert auf einmal, die entweder von freien Stücken kamen, oder aus einem gewissen Flecken ausdrücklich hierzu berufen wurden, ließ der Obertyrann Nase und Lippen abschneiden, so daß das ganze Gesicht bis auf den Bart verstümmelt war. Voll Jammer und Schmerz, wehklagend und vom Blute triefend, wurden sie hierauf wieder fortgeschickt, damit sie die glorreichen Taten und Wunder dieser auf Christum getauften Verkündiger des heiligen katholischen Glaubens erzählten.

Nun überlege man einmal, was dies für Leute waren! Wie sie sich der christlichen Liebe befleißigten! Wie ihr Glaube an Gott beschaffen war, den sie doch für gerecht und gütig hielten! Mit welchem Grund sie auf ihre Religion, auf ihr Gesetz stolz sein und sagen konnten, es sei ohne Wandel! Ungeheuer und unaussprechlich sind die Verbrechen, deren sich diese unseligen Menschen, diese Kinder der Verdammnis und des Verbrechens, in jenen Gegenden schuldig machten. Der verruchteste unter ihnen, nämlich ihr Befehlshaber, starb ohne Beichte, und als einer, der von Gott und Menschen verlassen ist. Da er so ruchlos und boshaft war, so zweifeln wir gar nicht daran, daß er zur Hölle gefahren sei. Gott müßte sich denn, nach seiner überschwenglichen Gnade, im Verborgenen über ihn erbarmt, und ihm nicht nach seinen Werken vergolten haben.

Bartolomé de las Casas, «Verwüstung der westindischen Länder», 16. Jahrhundert

Proklamation zur Sklavenfrage

Vicente Manuel de Zéspedes, Brigadegeneral der königlichen Armee, Gouverneur und Kommandierender General dieser Stadt, St. Augustine, und der Provinzen Floridas im Auftrag Seiner Majestät etc.

Die wiederholten Diebstähle, die von Neger- und Mulattensklaven begangen werden, deren Flucht von ihren rechtmäßigen Besitzern sowie die Tatsache, daß sie bei übel gesinnten Personen Unterschlupf und Schutz finden – all das erfordert unbedingt rasche und wirksame Abhilfe. In Sorge um das allgemeine Wohl dieses Gemeinwesens habe ich beschlossen, ein Verbot zu erlassen, und hiermit verbiete ich mittels dieser öffentlichen Bekanntgabe und Proklamation allen Schiffsführern oder Schiffsbesitzern spanischer, britischer oder anderer Nationalität, irgendeinen Passagier – egal, ob es sich um einen Weißen, Neger, Farbigen, Freien oder Sklaven handelt – an Bord zu nehmen oder zu irgendeinem Hafen, einer Bucht, einem Meeresarm, einem Fluß, einem Mündungsgebiet oder offenen Küstenstrich jenseits der Provinzgrenze zu befördern, es sei denn, er hätte dem Schiffsführer oder – in dessen Abwesenheit – seinem Stellvertreter einen von mir unterzeichneten Passierschein dafür vorgelegt. Jeder Verstoß wird mit einer Geldstrafe von 200 Pesos fuertes belegt, zu zahlen für jeden Weißen, Mulatten oder Neger, der ohne ausdrückliche Erlaubnis als Passagier an Bord aufgenommen wird; der Betrag ist zu gleichen Teilen dem Richter, dem Informanten und der Staatskasse auszuhändigen; er wird

«Maroons» nannte man die entlaufenen Sklaven, die oftmals in der unbesiedelten Wildnis von Florida Unterschlupf suchten und fanden.

zu gleichen Teilen vom Eigentümer und vom Führer des Gefährts erhoben, falls es sich bei diesen nicht um dieselbe Person handelt.

Des weiteren erkläre ich: Jeder Spanier oder Ausländer, der überführt worden ist, innerhalb des Territoriums dieser Provinz, zu Wasser oder zu Land, einen Sklaven versteckt oder beherbergt oder ihm zur Flucht verholfen zu haben, ist den Strafbestimmungen unterworfen, die in den Gesetzen Spaniens für solche Verbrechen festgelegt sind; davon sind auch diejenigen britischen Untertanen nicht ausgenommen, die gemäß des kürzlich abgeschlossenen Friedensvertrags unter spanischer Protektion stehen, denn die bloße Handlung zieht auch für Briten strafrechtliche Verfolgung nach sich. Und ich gebe allen bekannt, die in dieser Provinz an irgendeinem Ort, Hafen, Meeresarm, Mündungsgebiet, Fluß oder an der offenen Küste einen oder mehrere Sklaven ohne von mir unterzeichneten Passierschein an Bord zu nehmen versuchen, daß die besagten Sklaven – auch wenn sie das gesetzliche Eigentum der Person oder derjenigen Personen sind, die sie illegal an Bord zu bringen versuchen – de facto konfisziert sind und dem Strafrichter, der königlichen Staatskasse und dem Informanten zufallen. Desgleichen erteile ich jeder Person, gleich welcher Nationalität, den Befehl und die dringende Aufforderung, falls sie einen oder mehrere Neger, einen oder mehrere freie Mulatten, flüchtige Sklaven oder Sklaven ohne bekannten Besitzer in ihrer Gewalt hat, diese innerhalb einer Frist von zwanzig Tagen zu melden, und zwar wie folgt: Für alle, die in dieser Stadt oder in einem Umkreis von unter sieben Meilen leben, beträgt die Meldefrist acht Tage; für alle, die in einem Umkreis von sieben bis vierzig Meilen von der Stadt leben, fünfzehn Tage; für alle, die weiter als vierzig Meilen entfernt leben, zwanzig Tage. Die Meldefrist beginnt mit dem Datum dieser Proklamation; jeder Verstoß und jedes Versäumnis wird strafrechtlich verfolgt. Und schließlich befehle ich, daß jeder umherziehende Neger ohne bekannten Eigentümer oder ohne Dokument, das seine Freiheit bestätigt, sich innerhalb von zwanzig Tagen – ab dem Datum der Veröffentlichung dieser Proklamation gerechnet – auf dem Sekretariat dieser General-Kommandantur zu melden hat, um sich eine von mir unterzeichnete Arbeitserlaubnis zu beschaffen, deren Geltungsdauer meinem Ermessen überlassen bleibt. Jeder Neger oder Mulatte, der unter diese Bestimmung fällt und in der Stadt oder den Provinzen nach Verstreichen der besagten zwanzig Tage aufgegriffen wird, wird zum Sklaven Seiner Majestät erklärt. Damit diese Proklamation allen bekannt wird und keiner Unwissenheit vorschützen kann, habe ich eine Übersetzung ins Englische veranlaßt; und ich verfüge, daß die von Hauptmann Carlos Howard, Sekretär dieser General-Kommandantur, ausgeführte Übersetzung dieselbe Autorität besitzt wie das Original. Abgefaßt in St. Augustine, den sechsundzwanzigsten Juli siebzehnhundertvierundachtzig/Vicente Manuel de Zéspedes/Im Auftrag Seiner Gnaden/Carlos Ximenes.

[...] Die beste Möglichkeit, einen solchen Handel zu verhindern, ist meiner Meinung nach die Stationierung von Booten und bewaffneten Schiffen; sie müßten mit geschickten Steuermännern besetzt werden, die in der Lage wären, dem Schmuggel dadurch ein Ende zu bereiten, daß sie die Spitzbuben in Gewahrsam nehmen oder vertreiben – noch eine ziemliche Weile lang ist mit ihren Übergriffen auf diese Landstriche zu rechnen. Was das Bauholz betrifft, das die Engländer nach Italien verschifft haben und weiter verschiffen, so wird gesagt, es sei gefällt worden, bevor die Provinz in spanischen Besitz übergegangen ist. Die Provinz bringt viel Holz von einer Qualität hervor, die sich für die Konstruktion der größten Schiffe eignet; auch kann man hier Maste für Geleitfregatten und vielleicht auch für Kampfschiffe der Kriegsmarine erhalten.

Gouverneur Manuel Zéspedes, 1787

Swanee River

Den Swanee Fluß hinab, weit, weit fort,
dorthin wendet mein Herz sich immerzu,
dort ist der Ort, wo meine Leute leben.
Schau dir die ganze Welt von Anfang bis Ende an,
traurig durchwandere ich sie,
und noch immer sehne ich mich nach der alten Plantage
und nach meinen Leuten daheim.

Auf der kleinen Farm streifte ich überall herum,
damals in meiner Jugend;
Die vielen glücklichen Tage, die ich vergeudete,
die vielen Lieder, die ich gesungen.
Mit meinem Bruder zu spielen, machte mich glücklich.
Oh! Bring mich zu meiner guten alten Mutter zurück,
und laß mich dort leben und sterben! . . .

Eine kleine Hütte im Urwald,
die ich ins Herz geschlossen,
ruft noch immer traurige Erinnerungen in mir wach,
wo immer ich auch herumziehe.
Wann werde ich die Bienen um die Honigwaben summen sehn?
Wann werde ich das Banjo zupfen hören,
drunten in meiner lieben alten Heimat? . . .

Refrain:
Die ganze Welt ist traurig und finster, wo immer ich wandere,
Oh, ihr Schwarzen, wie wird es mir schwer ums Herz,
fern von meinen Leuten daheim.

Stephen Collins Foster, «Way upon the Swanee River», 1851

Links: Der 1804 geborene Seminolenhäuptling Osceola in einer zeitgenössischen Darstellung. Rechts: Seminolen. Photographie, Ende 19. Jahrhundert.

Die Seminolen

Das, was sich heute Seminolen nennt (das Wort soll, wie behauptet wird, etwa «Flüchtlinge» bedeuten), hat nicht den frühesten Kampf mit dem weißen Mann geführt. Als das erste spanische Schiff in der Bucht von St. Augustine einlief, da traf es zwar bewaffnete Männer, aber diese Männer waren keine Indianer. Das waren *Aztekenvölker*, dieselben Azteken, die sich auch drüben in Yukatan festgesetzt hatten und dort geblieben sind, eigentlich in der nachlebenden Bevölkerung auch heute noch den Urstock der Einwohnerschaft bilden. Es waren das alles Mayas, Verwandte jener Mayas, deren verschollene Städte heute noch in den Urwäldern von Honduras und Guatemala stehen, von den Spaniern niemals entdeckt und darum auch niemals verwüstet.

Diese Mayas waren prachtvoll begabte Architekten, sie verstanden Kunstweberei, jede Art von Bronze- und Edelmetallbehandlung, sie waren Ackerbauer, Straßenerrichter, Astronomen und Steinschneider, ihre Lebensform war fest und starr in sich geschlossen, ihre Staatsgesetze scheinen so klug und unnachgiebig gewesen zu sein, daß man sie höchstens mit frühchinesischer Kultur vergleichen kann. Auch zahlreich waren sie, reich, das Dasein jedes einzelnen ein wohlgeordneter Ring und mit allen anderen zu einem unzerreißbaren Netz zusammengefügt. Ihre Ethik stand auf keiner geringeren Stufe als die Europas, aber zweifellos waren sie weniger barbarisch als die Spanier und trotz «heiliger Menschenopfer» nicht annähernd solche Bestien wie ein Cortez, ein De Soto und der wüste, geldgierige, unmenschliche Haufen, der ihnen folgte.

Jene Mayavölker, die Florida besiedelten, gehörten zum Stamm der *Tolteken*. Sie verstanden erfolgreich genug, ihre Heimat zu verteidigen. Wie lange aber die Halbinsel ihnen Heimat war, das vermag heute kein Mensch mehr zu sagen. Auch ob sie die nun wirklich ersten gewesen sind [...]

Die Tolteken als solche sind wahrscheinlich – nach unserem Maße gemessen – die Ureinwohner von Florida gewesen. Sie haben die erste Eroberung gewaltig erschwert. Bis weit ins 18. Jahrhundert hinein war das verzauberte Sumpfland eigentlich unentdeckt, nur an seinen Küsten spärlich besiedelt, im Innern fremd wie ein Reich auf dem Mars. In Wahrheit haben überhaupt erst die Yankees Florida erforscht, bekanntgemacht, der Welt der europäischen Wirtschaft erschlossen.

Merkwürdigerweise haben sich keine Bauwerke der Mayas in Florida erhalten. Sie waren doch so baufreudig, sie liebten gigantische Maße, sie verstanden, Quadern zu behauen und ohne Mörtel zu ewigkeitsfesten Riesenmauern zu türmen. Nun gibt es zwar an verschiedenen Stellen «mounds», die, so wie der am meisten bekannte von New-Smyrna an der Ostküste, aus Coquinablöcken aufgerichtet sind. Vielleicht gehen sie auf toltekische Einflüsse zurück, obgleich solche «mounds» (als Begräbnis- und Kultstätten) bis hoch hinauf im Norden gefunden wurden. Sie sind auch so unendlich einfach, nur Pyramiden oder kegelförmige Gebilde, nicht allzu hoch, innen mit einer kleinen Höhlung, gar nicht den komplizierten Gestaltungen von Mayabauten entsprechend. Auch daran könnte man denken, daß in Südflorida, in den unwegsamen Sümpfen der Everglades, sich vielleicht noch letzte Reste von Mayastädten erhalten haben, die nun langsam in den Tümpeln versinken, so wie seit Jahrhunderten ganze Zypressenwälder in ihnen untergehen. Wirklich, man weiß so wenig vom Herzen dieser Swamps, daß man eine Überraschung in dieser Beziehung nicht für völlig ausgeschlossen halten darf.

Annie Francé-Harrar, «Florida – Das Land des Überflusses», 1931

Der traurige Indianer

Trauer im Herzen, zählt der Athlet der Reglosigkeit nicht
Stunden, nicht Tage – kaum Sonne und Mond –
Die Kette steckt im Schuß – und sein scharfer Geist
Entziffert, was seine Sprache schon gekannt hatte – nichts –
Wie könnte es mehr sein? – als Schnüre, verschwundene Überlegenheit –
und das Gefängnis,
Das seine Urahnen einst hinnahmen – und so ragt er webend empor,
Höher als sein Schatten in der Sonne – weiter, als Flügel –
Oder selbst ihre Schatten – ihn nun nicht tragen können.
Er kennt nicht das neue Gedröhn in der Luft
Und – rückwärts – ist das des Adlers Flug?

Hart Crane, 1933

Die Grenzen Floridas

Florida ist deswegen so genant worden, weil es im Jahre 1513, den 27ten Merz, am Palmsonntage (Paques Fleuries) entdeckt worden ist. Weil aber dieses Land gros ist, und nicht völlig erobert und bekant worden; so ist es schwehr, alle dessen Theile ganz genau zu beschreiben. Man weiß in der That nicht, ob Florida gegen Mitternacht an Land, oder an das Meer stosset. So viel ist gewiß, daß es gegen Mittag den Meerbusen von Mexico und die Insel Cuba, gegen Morgen die an Africa stossende offenbahre See, und gegen Abend das ietzt so genante Neumexico zu Grenzen hat. An dieser Seite lieget die Landschaft der sieben Städte, welche vom Vasquez Coronado, der im Jahre 1539 auf die Entdeckung dieser Gegenden ausging, also genant worden ist. Weil sie aber nicht bevölckert werden können; so hat Antonio von Mendoza den Verdruß gehabt, alle Unkosten dieser Unternehmung vergeblich anzuwenden.

Les Inca Garcilasso de la Vega, «Geschichte der Eroberung von Florida», 1753

Flußstimmung am Styx

Wir schlossen die dürftige Zählung dem Orange-See entlang ab und hielten westwärts auf den Fluß Styx zu. Der Name gab mir einen Stich. Mein Pferd war unruhig, und als wir in eine feuchte schmale Straße einbogen, kam mir der Gedanke, daß der Anblick einer Mokassinschlange genügen würde, es zum Durchbrennen zu bringen. Kaum gedacht, war sie schon da. Wir näherten uns einem hölzernen Fußsteg, und die Stute, die bei allen früheren Brücken gezögert hatte, nahm diese aus freien Stücken. Die Schlange lag auf einem Haufen Erde, rechts der Brücke. Sie war gut aufgerollt, uralt, und beanspruchte so viel Platz wie eine Bratpfanne. Ihr dreieckiger, giftiger Kopf ruhte flach auf dem äußeren Rand der Windungen. Durch ihre Bewegungslosigkeit wurde sie vom Pferd übersehen, das gespannten Schrittes beim willkommenen Anblick der vor ihm liegenden Straße weiter trabte. Seine zierlichen Hufe strichen sieben bis acht Zentimeter neben dem dunklen glatten Kopf vorbei. Ich lockerte meine Füße in den Bügeln, bereit abzuspringen. Der Patriarch beäugte mich unbeweglich. Eine solche «Leben-und-Lebenlassen»-Philosophie fand ich bewundernswert, und ich legte meinen Finger an den Hut, um den alten Gentleman zu grüßen.

Vorsichtig näherten wir uns dem Flusse Styx. Sicherlich kommt der Tod selbst ebenso leise. Offene, von der Sonne hell erleuchtete Felder machten dem Nadelholz Platz. Die Föhren wuchsen dichter und der süße Duft ihrer Nadeln umwitterte uns. Man sah nur kleine Flecken der Sonne und die Schatten der Bäume wurden größer. Hier und dort deutete eine Lebenseiche auf andern Boden. Und dann waren wir unversehens im tiefen Hammock. Kühle überfiel uns. Die Blätter der Magnolien- und Lorbeerbäume schlossen die Sonne aus, wie alles dunkle immerwährende Blattwerk sie von den stillen Orten der Toten ausschließen mag. Der Hammock ging in Zypressensumpf über. Eine Trompetenranke ließ von der Höhe einer alleinstehenden Palme flammende Blüten fallen. Die Blumen wirkten prunkvoll und düster. In den Zypressen sangen keine Vögel. Keine Eichhörnchen schwangen sich von den Gruftbogen der Bäume. Aus der schwach erkennbaren Straße erhob sich ein seltsamer Vogel und bewegte geräuschlose Schwingen. Er war riesengroß und schneeweiß wie ein Todesengel mit einem breiten Trauerrand an der Flügelkante. Die weiche Feuchtigkeit der Straße machte einer milden Kräuselung Platz: bernsteinfarbiges, bewegtes Wasser bedeckte den ganzen Waldboden, durchzogen von einer langsamen, heimtückischen Strömung.

Wir betraten den Fluß Styx!

Marjorie Kinnan Rawlings, «Cross Creek – Meine Pflanzererlebnisse in Florida», Zürich 1944

Naturereignis Everglades

Mein großes Erlebnis auf Florida wurden die «Everglades» – der Name läßt sich am besten mit «Unendliche sonnenhelle Flächen» übersetzen –, die großen Sumpfgebiete, die den größten Teil des südlichen Florida umfassen.

Noch vor wenigen Jahren waren die Everglades ein abgeschlossenes mystisches Land. Der größte Teil besteht aus einem weiten flachen Sumpfgebiet, das von mannshohem Gras und Schilf bedeckt ist, eine einförmige Landschaft, in der man sich nur schwer zurechtfinden kann, weil es keine höher gelegenen Punkte gibt, von denen man das Schilf überschauen und einen Überblick gewinnen könnte. Wenn man die Sümpfe überfliegt, bemerkt man, daß es hier und da in ihnen Inseln mit höher gelegenem Land und Wald gibt. Aber es ist fast unmöglich, zu ihnen zu gelangen oder dort überhaupt mit den üblichen Fortbewegungsmitteln voranzukommen. Man muß bis an den Leib im Wasser waten, denn die Vegetation der Wasserpflanzen ist so dicht, daß man kein Boot benutzen kann. An vielen Stellen trifft man auch auf tückischen Sand oder überwachsene Sümpfe, die dem Ortsfremden sehr gefährlich werden können.

Im westlichen Teil der Everglades wird das Flachland von Hunderten von Kanälen und kleinen Flüssen durchzogen, die sie in mehrere tausend Inseln aufteilen. Die meisten sind

«Pa-hay-okee» – flie ßendes Gras – nan ten die Indianer das Naturereignis Everglades. Später bezeichnete sie ein englischer Landvermesser als «River Glades», was schlie lich zu «Everglades» verfälscht wurde – Genese eines Namens.

von einem Gewirr von Mangrovenbäumen umkränzt, einige weisen in ihrem Innern Zypressenwälder auf. Hier herrscht eine tropische Vegetation und ein phantastischer Wildreichtum, hier ist der Sammelplatz für Hunderttausende von weißen und blauen Reihern, Ibissen, Kranichen und Schwimmvögeln aller Art. Auf einigen Inseln lebt eine kleine Hirschart, Bären und Panther sind die großen Raubtiere. Waschbären, Opossum und eine Anzahl kleinerer Säugetiere findet man überall. In manchen Kanälen lebt eine Krokodilart, und die mehr im Innern liegenden Wasserläufe sind die Heimat von Alligatoren, Schildkröten und Schlangen.

Gerüchte erzählen, daß sich früher in den Everglades viele Mörder und Verbrecher, geflohene Strafgefangene und andere vom Recht und Gesetz Verfolgte aufgehalten haben sollen. Waren sie erst auf die Inseln gelangt und imstande, sich dort zu ernähren, konnten sie sich sicher fühlen, denn hierher konnte ihnen keine Obrigkeit folgen. Während der Zeit meines Aufenthaltes in Florida stürzten mitunter Flugzeuge über den Sümpfen ab, und es war dann fast immer ein nahezu unlösbares Problem, wie man an die verunglückten Flieger herankommen sollte. Selbst, wenn sie den Kontakt zur Umwelt mit Hilfe des Radio aufrechtzuerhalten vermochten und ihr Essen abgeworfen erhielten, kamen viele um, weil es keine Mittel gab, um sie über unwegsame Sümpfe und saugenden Sand hinwegzubringen.

Per Höst, «Was die Welt mir zeigte», 1952

Sumpf, Sand und Strand

Bei uns in Washington ist es zur Zeit saukalt. Ich erinnere mich voller Sehnsucht an Florida. Dort wacht man eines Morgens auf und wundert sich, warum es hinter den Fenstern so raschelt. Dann zieht man schlaftrunken die Jalousien hoch und entdeckt, daß es die Palmen sind, die mit Geraschel den Himmel abzustauben versuchen. Vergebliches Bemühen! Der Himmel ist hellblau und ganz klar. Vor den Fenstern liegt weißer Muschelsand. Die Luft ist

*Flüsse, Nehrungen,
Lagunen und Haffs
prägen das Land-
schaftsbild Floridas.
er Suwannee River
vancierte im Volks-
lied «Old Folks at
home» zu einer Art
Nationalhymne.*

Noch eine ganze Zeit nach der sommerlichen Regenzeit sind die nördlichen Teile der Everglade weitgehend überflute das Land hat sich mit Wasser vollgesogen.

milde. Ein kleiner barfüßiger Junge trottet mit Eimer und Schaufel auf die Dünen zu. Hinter ihm kommt seine Mutter, mit glänzenden braunen Schultern. Sie trägt eine große Sonnenbrille. Der Junge trägt eine kleine Sonnenbrille. Man stellt fest, daß man gestern noch Handschuhe trug und einen Shawl um den Hals und daß sich in fast allen Hauptstädten der Welt um diese Zeit des Jahres die Leute die Finger am Feuer wärmen oder mindestens einen Regenschirm tragen. Ein Pelikan fliegt vorbei, und man muß lachen. Man schließt die Jalousien wieder, um noch ein paar Minuten im Halbdunkel den Reiz dieses Kontrastes auszukosten. Von diesem Reiz und von diesem Kontrast lebt Florida.

Gäbe es überall auf der Welt im Januar prallen Sonnenschein – kein Mensch würde nach Florida gehen. Wer zieht schon freiwillig in die märkische Heide? Man könnte mit Cäsar sagen: Florida divisa est in partes tres. Es besteht aus drei Teilen, die sich klassifizieren lassen als Sumpf, Sand und Strand. Der Süden des Zipfels, der sich da ins blaue Karibische Meer hinein erstreckt, ist ein Sumpf, vor dem sich alles, was ich in Rußland kennengelernt habe, verstecken kann. Ich habe nicht nachgemessen, aber unser Südweststaat würde, glaube ich, ohne weiteres in diesem Sumpf versinken. Man stelle sich vor: zwischen Heidelberg und dem Bodensee kein Wesen als der Kranich und der große weiße Ibis. Und natürlich die Mokassinschlange und das Krokodil. Es führen ein oder zwei Straßen durch den Sumpf. Mit Warnungsschildern wie bei uns an Wildwechseln: Achtung, Alligatoren! Alligatoren haben nachts die fixe Idee, sie seien auf der falschen Straßenseite. Wir fuhren an einem heißen Nachmittag durch die Everglades (so heißen die Sümpfe). Angler standen am Straßenrand. Es fischten schwarze Familien aus Miami und weiße Reiher einträchtig nebeneinander. Aus den grünen Sumpfgraswiesen guckten die Vögel wie die Krücken heller Spazierstöcke. Manchmal viele Meilen weit nur Wälder abgestorbener Bäume. Manchmal war der Horizont rings so flach und still unter dem weiten Himmel, daß einem richtig unheimlich zumute wurde. Und dann wieder ein Vogelruf und die weiße rudernde Märchensilhouette des Reihers. Inmitten dieser schrecklichen Einöde leben die Seminolen

Vitaminspender Florida: Zitrusfrüchte sind einer der Hauptexportartikel des Sunshine-Staates.

– ein Indianerstamm von vielleicht sechshundert Seelen. Ich hätte nicht gern in ihre Hände fallen mögen – die Seminolen haben 1941 Deutschland den Krieg erklärt, und bisher ist zwischen uns meines Wissens noch kein Waffenstillstand geschlossen worden. Sie sind aber scheu und bekommen selten einen Weißen zu Gesicht. Denn niemand könnte sich ohne ihre Führung in diesen Sümpfen zurechtfinden. Nur ein paar Außenposten unterhalten sie am Rande der Zivilisation. Ein halbes Dutzend Hütten am Rande eines Wasserlaufes, gackernde Hühner und nackte Jungen mit schwarzen Wuschelköpfen. Für die vorbeikommenden Touristen halten sie kleine Schmuckstücke und Grasmatten feil. Hinter einem großen aus Schilf geflochtenen Schirm ist der Chevrolet-Lastwagen verborgen – von wegen der Illusion der Touristen.

Es hat einmal ein abenteuerlustiger Mann große Trakte der Everglades für einen Pappenstiel erworben. Er begann in napoleonischem Maßstab, die Mokassinschlangen zu verscheuchen, die Orchideen zu vernichten und die Sümpfe trockenzulegen, um Farmland zu gewinnen. Das ist eine phantastische Geschichte, die, wie sehr vieles in Florida, mit dem großen Wirtschaftskrach von 1929 ein Ende fand. Aber nur vorläufig. Schon beginnen seine Erben, diese letzte wirkliche Grenze von allen Seiten her mit schnaufenden roten und gelben Maschinen einzuengen, um aus den Sümpfen etwas zu machen, was nicht nur Sand ist.

Sand, Kiefern, stachliges Gebüsch – daraus besteht der andere und größte Teil Floridas. Und wenn ich hinzufügen darf: aus verfallenen Negerhütten, Kohlfeldern, Klapperschlangen, aber auch grauen indischen Kühen, die auf diesem armen Boden und in der heißen Luft des mexikanischen Golfs zu prächtigen Schnitzeln und Steaks gedeihen. Und natürlich aus Orangenhainen. Zeit meines Lebens habe ich gedacht, die Apfelsine sei eine Frucht des Überflusses. Mitnichten. Sie ist ein Ergebnis der Dürre und Kargheit. Der Boden ist grau und sandig, auf dem all diese Zitrusfrüchte wachsen, die in Netzen an den Straßen feilgehalten werden, schreiend gelb und orange, und gut und gern ein halbes Hundert für einen Dollar. Die Plantagen sehen schön aus. Sie bedecken die Hügel wie mit einer dunklen Pudelfrisur. Das Grün der Blätter ist stark, und die Früchte leuchten abends wie Kleinodien. Die schwarzen Pflückerinnen jedoch verrichten eine schwere Arbeit, und die Farmer sind jahrzehntelang zwischen Frost, mörderisch hohen Frachten, Streiks und Absatzkrisen ziemlich hart gebeutelt worden. Erst seitdem man begonnen hat, hochkonzentrierte Säfte zu fabrizieren und aus Kern und Schale der Apfelsine so nützliche Dinge zu machen wie Schutzfarben, Vitaminpräparate, Margarine und Viehfutter – erst seitdem geht's der sandigen Portion Floridas besser. An einsamen Bahnstationen haben sich Fabriken angesiedelt; sie führen einen Titanenkampf um die Marktstände in New York und Philadelphia, und zwar kämpfen sie gegen die Zitruszüchter Kaliforniens. Es ist ein Drama, eines Sängers wert. Die Produzenten Floridas sind dabei sogar in die geheiligte Zitadelle der Kalifornier eingedrungen: Konzentrierter Orangensaft aus Florida wird in den Läden von San Francisco verkauft.

Peter von Zahn, «Fremde Freunde – Bericht aus der Neuen Welt», 1953

Key West

Hierher hat mich mein glühender Glaube läuternd getrieben.
Heraus aus dem Tal, weg von der Fülle der Krippe,
Gleichgültigen Himmeln entgegen, die mich nicht verleugnen
Noch Anspruch auf mich erheben – im Namen von Adams Rückgrat oder Rippe.

Das Ruderplatschen und der weiße Bogen der Sternschnuppe
Sind eins mit dem Kreisen von Handgelenk und Schulter. Im Mond,
Der jetzt ganz tief steht, schreite ich diesen einen Weg
Himmel oder Hades entgegen – einem weiteren kargen Tag.

Weil all die Millionen die Saat toten Denkens ernten,
Soll ich darum meinen Knochen dieselbe Frucht abringen,
Die die andern in zwiefachen Hohn und Verwirrung
Äffischer Alpträume treibt, in stahlumschlungenen Stein?

Oh, Stahl und Stein! Aber da war Gold, Mangel zuvor.
Und hier ist Wasser, und ein wenig Wind . . .
Freundesatem und Ufer gibt es nicht mehr
Wo nicht Gold verkauft und das Gewissen gezinkt wurde.

Hart Crane, 1933

Die Künstlerkolonie in Key West

In jenen Tagen gab es in Key West eine faszinierende Künstlerkolonie, der, unter anderen, Arnold Blanch und seine Freundin Doris Lee angehörten. Dazu die Frau des japanischen Künstlers Kuniyoshi und der Maler Grant Wood, der Mann, der *American Gothic* gemalt hat. Er starb im Jahr darauf. Er war ein untersetzter, kleinwüchsiger, außerordentlich liebenswürdiger Mann mit einem Wust weißer Haare. Immer hochrot im Gesicht, doch nicht etwa aus Verlegenheit. Wir trafen uns fast jeden Abend in Hemingways altem Stammlokal *Sloppy Joe's*. Hemingway lebte nicht mehr in Key West, doch seine geschiedene Frau, Pauline Pfeiffer-Hemingway, bewohnte nach wie vor das schöne, alte, in spanischem Kolonialstil erbaute Haus in der Whitehead Street. Bei *Sloppy Joe's* spielte eine ausgezeichnete Negerband die wunderbarste Tanzmusik. Key West hatte damals eine schon fast karibische Atmosphäre, die mir sehr zusagte. Selbst das Wetter schien hier besser zu sein. *Sloppy Joe's* hatte zu der Zeit weitaus mehr «Pfiff» als heute; die Bar, die sich früher in gerader Linie vom Eingang bis in den Hintergrund erstreckte, ist jetzt hufeisenförmig.

Zwei legendäre Bewohner von Key West, wegen ihres ·erarischen Werks in aller Welt berühmt: Ernest Hemingway, ·r hier bis zu seinem Tod lebte (links), nd der Dramatiker Tennessee Williams (rechts).

Hemingways alte Kumpel hingen im Jahr 1941 immer noch dort herum, und Marion und ich gingen öfters abends zum Tanzen hin.

TENNESSEE WILLIAMS, «Memoiren», 1979

Der alte Mann und das Meer

Wie der Stachel eines Skorpions krümmt sich vom Südende Floridas eine Inselkette in den mexikanischen Golf. Einige zweihundert Kilometer vom Festland entfernt liegt die größte dieser Inseln – Key West: ein flaches Eiland im blauen Meer, von Fischerbooten umgeben, die dem Sägefisch, der Schildkröte und dem Hai nachstellen, von Palmen bestanden und von alten Häusern im spanischen Stil. Die Freibeuter und Piraten scheinen ausgestorben, die Key West dereinst bevölkerten. Aber hier und da trifft man noch ihre Spuren. Zum Beispiel Ecke Olivia- und Whitehead-Straße: Da steht im betäubenden Duft eines tropischen Gartens ein Haus, dessen zitronengelbe Läden streng verschlossen sind. An den Gartentoren hängen Schlösser und Ketten, über die Steinmauern wuchern Kakteen und Orangenbäume und die großen roten Trompetenblüten der Azaleen. Das Haus ist ganz still. Wir suchten vergeblich nach einer Menschenseele, bis wir schließlich aus einem verfallenden Holzhaus gegenüber Radiomusik hörten. Cubanische Musik. Wir fanden drei Greise: einen Neger, einen Cubaner und Herrn Lucignano. Die drei saßen zwischen kostbaren Tabaken und drehten Zigarren. Wir fragten Mr. Lucignano nach dem Freibeuter, und er sagte, von seinen Zigarren aufstehend: «Jawohl, da drüben hat er gewohnt. Dem Haus fehlten alle modernen Bequemlichkeiten, aber das machte ihm nichts. Das Haus steht leer, aber es gehört ihm noch. Es gehört teilweise auch seinen Söhnen. O ja, ich habe ihn oft gesehen. Er war freundlich, aber er war auch wild. Nein, man konnte nie recht sagen, wann er nüchtern war.» Der Greis wies uns den Weg durch einen Torweg in einem Grundstück nebenan. Die Mauern des Torwegs sind bemalt: eine Katze springt nach bunten

Der Weg über das Wasser zu den Keys: Der «Overseas Highway» gehört zu den meistbesuchten Attraktionen Floridas.

Vögeln, der Pelikan fischt, der Alligator faulenzt. Wir schlüpften in die Stille des Gartens, mit angehaltenem Atem. In der Kühle des Schattens hinter dem Dienerhaus saß ein alter Neger mit Strohhut und zählte sich Dollarscheine in die Hand. Wir erklärten ihm unseren Wunsch. Er führte uns durch den Garten und ließ uns auf das Haus mit den verschlossenen zitronengelben Läden blicken. «Als er es kaufte, war ich hier Gärtner. Er sagte: »Jim, du machst den Garten weiter.« Das war vor fünfundzwanzig Jahren. Und ich hab' den Garten gemacht, auch als er dann dort hinüber zog» – Jim machte dabei eine Bewegung mit dem Arm, die an dem dunklen Laub des Gummibaums vorbei nach Cuba deutete [...]

«Ja, und erst wohnte er im großen Haus, aber dann zog er ins kleine, und dort oben arbeitete er jeden Tag von acht Uhr morgens bis drei am Nachmittag, und dann kam er herunter, und plumps war er im Schwimmbassin und jagte sich mit seinen Söhnen.»

Wir schauten in das tiefe leere Bassin, das die Pumpe, wenn sie mit voller Kraft lief, in dreizehn Stunden füllen konnte.

«Und oft ging er fischen und brachte so große Fische heim» – und Jim zeigte mit den Händen, wie groß der Fisch war, und die Erinnerung ließ ihn die Arme beträchtlich weiter ausbreiten, als ein ehrlicher Fischer sich erlauben würde. «Und immer war er jovial und sprach zu mir wie mit jedem, der große, breite Mann...»

Ich steckte Jim einen halben Dollar in die Hand, und er spuckte heimlich drauf, damit er sich gut vermehre. «Haben Sie sein neues Buch gelesen?» fragte ich den alten Mann im Garten.

«Den Alten Mann und das Meer, meinen Sie? Nein, noch nicht, aber alle anderen.»

Und damit verabschiedeten wir uns von Jim und verließen den Ort, wo «er» von acht bis drei Uhr schrieb und sich dann – plumps – mit seinen Söhnen jagte, der große Pirat und Freibeuter der Literatur: Ernest Hemingway.

Peter von Zahn, «Fremde Freunde – Bericht aus der Neuen Welt», 1953

Wasserstraßen als Verkehrswege: Die Flußlandschaft Florida bietet mit ihren Kanälen die Voraussetzungen dafür.

Ein Brief vom Golfstrom

[...] Der Golfstrom und die anderen großen Meeresströmungen sind die letzte Wildnis, die es gibt. Wenn Sie erst einmal außer Sicht des Landes und die anderen Boote auch weg sind, sind Sie einsamer, als Sie je auf Jagd sein können, und die See ist unverändert, seit Menschen sie in Booten befahren. In der Schwertfischzeit ist das Meer glatt wie Öl, genauso, wie es von den Galeonen aussah, wenn sie in den Kalmen lagen und nach Nordwesten trieben, oder es hat Schaumkronen, wie sie es im Passat gesehen hatten, oder rollt in hohen blauen Bergen und fliegendem Gischt, wie es ausgesehen haben muß, wenn das Meer sie strafte. Manchmal sieht man drei Seen, die wie Berge sind, und von der fernsten springt Ihr Fisch. Wenn Sie dann in den Wind schießen, um zu wenden und ihm nachzujagen, und Ihre Chance nicht wahrnehmen, kommt eine von den hohen, überstürzten Winden und begräbt Sie unter Tonnen Wasser. Dann ist es aus mit Ihren Elefanten, mein guter Richard.

Von Ihrem Fisch droht Ihnen nichts, aber wer das ganze Jahr hinausgeht, in einem Boot mit einem kleinen Motor, sucht die Gefahr nicht, denn er kann sicher sein, daß die Gefahr ihn während dieses Jahres heimsucht. Versuchen Sie ihr aus dem Weg zu gehen, so gut Sie können.

Da der Golfstrom ein unentdecktes Land ist – von jeher werden nur die Grenzen abgefischt, und auch das nur an einem Dutzend Stellen der Strömung, die Tausende von Meilen lang ist – weiß keiner, was für Fische darin leben, wie groß sie werden oder auch wie alt, und was für Fische, was für Tiere in den verschiedenen Tiefen leben. Wenn Sie driften, außer Sicht des Landes, und mit vier Leinen fischen, die sechzig, achtzig, hundert und hundertfünfzig Faden lang sind, über einer Tiefe von siebenhundert Faden, dann können Sie nicht wissen, was den Bonito annimmt, den Sie als Köder am Haken haben, und jedesmal, wenn sich die Leine Lose von der Rolle holt, zuerst ganz langsam, bis die Rolle aufkreischt und sich die Rute durchbiegt, dann merken Sie es doppelt, und das Gewicht der Leine und der Reibung schneidet durch das tiefe Wasser, und Sie pumpen, holen ein und pumpen, holen, pumpen, daß die Leine steif kommt, ehe der Fisch springt. Das ist der Witz. Auf Gefahr sind Sie nicht angewiesen, um es zu merken. Vielleicht ist es ein Marlin, der herausschießt, frei vom Boot an Steuerbord, und mit ein paar Sätzen wie ein Schnellboot durch die See pflügt, und Sie rufen, daß das Boot herumschwingt, und sehen, wie die Leine von der Trommel schwindet, bis das Boot gedreht hat. Es kann auch ein Schwertfisch sein, der sein großes Breitschwert vorzeigt. Oder es ist ein Fisch, den Sie nie sehen werden. Er hält nach Nordwesten, wie ein Unterseeboot, das getaucht hat. Er zeigt sich nicht, nur daß am Ende, nach fünf Stunden, Ihr Haken gradgezogen ist. Es gibt genug, sich aufzuregen, wenn Sie driften und mit langen Leinen in der Tiefe fischen und ein Fisch den Köder und den Haken annimmt.

Beim Jagen wissen Sie, worauf Sie aus sind, und das Beste, was Sie kriegen können, ist ein Elefant. Aber was Sie mit hundertfünfzig Faden Leine im Golfstrom fischen, wenn Sie driften, das weiß keiner. Es kann sein, daß es da Marlin oder Schwertfische gibt, neben denen alle Fische, die Sie gesehen haben, bloß Pygmäen sind, und immer, wenn ein Fisch den Köder annimmt, der da driftet, denken Sie, daß Sie vielleicht jetzt einen von den wirklich großen Fischen haben.

Ernest Hemingway, «49 Stories», 1936

Ruhe der Flüsse

Die Weiden erfüllte ein langsamer Laut,
Eine Sarabande, die der Wind auf der Wiese mähte.
Nie dachte ich
An das Sieden, das stete Sich-Glätten der Marschen,
Bis die Zeit mich brachte ans Meer.

Lilien, Kräuter. Und Erinnerung an steile Alkoven,
Wo die Zypressen teilhatten an des Mittags
Tyrannei: sie zogen mich fast in den Hades.
Und Riesenschildkröten erklimmen Schwefelträume,
Die wuchsen, vom Sonnenschlamm
Auseinandergekräuselt . . .

Wie vieles hätte ich getauscht! Den schwarzen Schlund
Und all die einzelnen Nester in den Hügeln,
Wo die Biber lernen Masche und Zahn.
Der Teich, in den ich einst ging und den ich schnell wieder floh, –
Ich denke nun an seinen singenden Weidenkranz.

Und zum Schluß, alle Dinge nähren in jenem Gedenken;
Hinter der Stadt, die ich zuletzt durchzog,
Mit ihrer sengenden Schmiere überall und ihren rauchenden Spießen,
Schnitt der Monsun über das Delta hin
Bei den Toren des Golfes . . . Dort, hinter den Deichen

Hörte ich den Wind Saphire schälen wie diesen Sommer,
Und Weiden könnten den Laut nicht beständiger halten.

Hart Crane, 1960

Warten auf den Hurrikan

Das Haus stand auf der höchsten Stelle der Landzunge zwischen dem Hafen und dem offenen Meer. Es war stark gebaut wie ein Schiff, und es hatte drei Hurrikans überstanden.

Sommerliche Gewitterstimmung, die hoffen läßt, daß nichts Ernsthaftes im Anzug ist: Tornados und Hurrikane suchen die Halbinsel zwischen Golf und Atlantik regelmäßig heim und richten erhebliche Schäden an.

Es lag im Schatten hoher Kokospalmen, die unter dem Passatwind schräg gewachsen waren, und auf der Seeseite konnte man aus der Tür treten und die Düne hinab und quer über den weißen Strand gehen, bis in den Golfstrom hinein. Wenn man bei Flaute über den Strom hinblickte, sah er für gewöhnlich dunkelblau aus, aber ging man ins Wasser, so sah man den wäßriggrünen Schein über dem Sandgrund, der weiß war wie Mehl, und man sah die Schatten der großen Fische längst, ehe sie sich dem Strand nähern konnten.

Über Tag war es eine schöne und sichere Stelle zum Baden, aber nachts konnte man hier nicht schwimmen. Bei Dunkelheit kamen die Haie, die an den Kanten des Golfstroms jagten, dicht an den Strand heran, und auf der oberen Loggia des Hauses konnte man in stillen Nächten das Schnellen der Fische hören, hinter denen sie her waren, und vom Strand aus sah man ihre phosphoreszierende Spur im Wasser. Bei Nacht waren die Haie ohne Furcht, und alles hatte Angst vor ihnen, aber tagsüber hüteten sie sich vor der weißen Bank, und wenn sie wirklich kamen, so sah man ihre Schatten von weitem.

In diesem Haus lebte ein Mann, der Thomas Hudson hieß und ein guter Maler war; die meiste Zeit des Jahres über arbeitete er hier auf der Insel. Wenn einer lange genug in diesen Breiten gelebt hat, bedeutet für ihn der Wechsel der Jahreszeiten hier genausoviel wie sonst irgendwo, und Thomas Hudson, der die Insel liebte, versäumte hier möglichst kein Frühjahr, keinen Sommer, Herbst oder Winter.

An einem flauen Augusttag, oder wenn im Juni oder Juli der Passat ausblieb, war der Sommer manchmal zu heiß. Im September, Oktober und bis in den November hinein kam es auch vor, daß ein Hurrikan durchzog, und mit kleineren Wirbelstürmen mußte man ab Juni jederzeit rechnen. Aber die richtige Hurrikan-Zeit fällt in die schönen, windstillen Monate.

Thomas Hudson hatte die Wirbelstürme viele Jahre hindurch beobachtet, und er sah es dem Himmel an, wenn eine Störung sich näherte, längst ehe das Barometer sie anzeigte. Er wußte, wie man sich in Stürmen verhielt und welche Vorkehrungen man dagegen treffen konnte. Er wußte auch, was es bedeutete, mit den Leuten auf der Insel einen Sturm durchzustehen, und wie ein gemeinsam erlebter Hurrikan alle miteinander verband. Natürlich wußte er, daß ein Hurrikan mitunter so schlimm sein konnte, daß man nicht durchkam. Trotzdem wünschte er sich, dabei zu sein, wenn einmal einer kam, der so schlimm war, und wenn das Haus dabei draufging, so wollte er selber mit draufgehen.

Das Haus hatte beinahe so viel von einem Schiff wie von einem Haus. Es war so gebaut, daß es jede Art Wetter abreiten konnte, und obwohl es auf die Insel gesetzt war, als wäre es ein Teil von ihr, gingen alle Fenster aufs Meer hinaus, und auch in den windstillen Nächten durchwehte die Brise es, so daß man gut schlief. Wegen der Hitze im Sommer war das Haus weiß gekalkt, und vom Golfstrom draußen war es schon auf große Entfernung zu erkennen. Es bildete den höchsten Punkt der Insel, abgesehen von der Casuarina-Anpflanzung, die sich lang hinstreckte und das erste war, was sich auf See draußen über dem Horizont zeigte. Aber gleich nach dem dunklen Streifen der hohen Casuarina-Bäume tauchte der weiße Klotz des Hauses über die Kimm, und erst wenn man näher heran war, kam die ganze langgestreckte Insel in Sicht, die Kokospalmen, die klinkergebauten Holzhäuser, die weiße Strandlinie und im Süden die Heide, die grün dahinter lag. Thomas Hudson war jedesmal froh, wenn er das Haus auf der Insel da drüben wiedersah, und jedesmal durchfuhr es ihn: da kommt sie heraus . . . *Sie*, dachte er, genauso, wie er gesagt hätte, wenn es ein Schiff gewesen wäre.

Im Winter, bei Nordwind und Kälte, war es schön warm in dem Haus, denn als einziges Haus auf der Insel hatte es einen Kamin. Dort unterhielt Thomas Hudson ein großes, offenes Feuer mit dem Holz, das er am Strand fand. Er hatte an der Südwand des Hauses einen hohen Stapel Treibholz aufgeschichtet. Das Holz war gebleicht von der Sonne und von Wind und Sand glatt geschliffen, und mitunter gefiel ihm ein Stück so sehr, daß er es nicht gerne verbrannte. Aber nach jedem Sturm lag neues Treibholz am Strand, und er merkte, daß es ihm Spaß machte, auch die Stücke zu verbrennen, die er mochte. Er wußte, daß die See neue zurechtschleifen würde, und wenn es kalt war des Nachts, saß er in seinem großen Stuhl vor dem Feuer, die Lampe brannte, die auf dem schweren Plankentisch stand, und er las und sah auf, während er las, und er hörte den Nordwind draußen und das Krachen der Brandung, und währenddessen verbrannten die großen, ausgebleichten Holzstücke, und er sah zu.

Manchmal machte er auch die Lampe aus, legte sich auf den Teppich und sah dem Feuer zu. Salz und Sand, die mit dem Treibholz verbrannten, machten den Flammen bunte Ränder. Wenn er da lag, hatte er das Feuer in Augenhöhe vor sich, er sah die Flammenstreifen, die aus dem Holz aufstiegen, und es machte ihn zugleich traurig und froh. Es ging ihm immer so, wenn er Holz brennen sah, aber brennendes Schwemmholz tat ihm etwas an, was er nicht sagen konnte. Er dachte, daß es vielleicht falsch sei, das Holz zu verbrennen, das er so sehr mochte; trotzdem bereute er es nicht.

Auf dem Boden fühlte er sich wie unter dem Winde liegen, während in Wahrheit der Wind die Hausecken peitschte und das kurze Inselgras, und in das Seegras und die Disteln und bis in den Sand hineinfuhr. Wenn er da lag, merkte er auch das Rammen der Brandung. Es war wie Artilleriefeuer, und das war lange her. Damals war er jung gewesen, und er erinnerte sich, daß er auf der Erde gelegen hatte, in der Nähe irgendwelcher Geschützstellungen.

Das offene Feuer im Kamin war eine wunderbare Sache im Winter, und er sah den Kamin gerne an, das ganze übrige Jahr hindurch. Er erinnerte ihn an den nächsten Winter. Der Winter war die schönste Jahreszeit auf der Insel, und er wartete das ganze Jahr darauf, daß er wiederkam.

Ernest Hemingway, «Inseln im Strom», 1970

Der Hurrikan

Horch, Herr, Dein Ritt!
Herr, Herr, Dein schnellendes Herz

Läßt nichts bestehen, nichts widerstehen –
Alles wird zerschmettert.

Weh! Die Schrift weicht vom Stein,
Milchhell schabt dein Meißelwind

Das Fleisch ab vom Gebein
In zitternden, zerstreuten Fetzen –

Pfeifendes Stroh weggefegt! Zerschlagen,
Herr, springen selbst Brocken von Felsen

Aus ihren Sockeln, blitzumbrandet!
Kein Wurm, Herr, kann sich vergraben

Vor deinen Trommelwirbeln, ihrem Niederprasseln entgegen!
Herrgott, wenn brechende Wellentürme

Tang kreischend in die lichte Himmelgischt
Peitschen, schwer beladene Wolken herabstürzen –

Dein Ritt zielt auf die Tür, Herr!
Du fegst weg Dach und Wand, Herr!

Hart Crane, 1931

Nach Wetterleuchten, Blitzen und Windböen – die Ruhe nach dem Sturm: Florida präsentiert sich als ideale Ferienkulisse.

Nach dem Sturm

[...] Junge, das war vielleicht ein Sturm! Ich war das erste Boot draußen, und du hast nie Wasser gesehen wie das da. Es war gerade so weiß wie ein Faß Lauge, und wenn man von Eastern Harbour nach Sou'west Key fuhr, konnte man die Küste nicht erkennen. Mitten durch den Strand war eine breite Rinne gesprengt. Bäume und alles herausgesprengt und eine Rinne quer hindurchgetrieben und das ganze Wasser weiß wie Kreide und alles mögliche drauf: Zweige und ganze Bäume und tote Vögel, und alles trieb. Innerhalb der Keys waren alle Pelikane der Welt, und alle Sorten von Vögeln flogen herum. Die waren wohl da rein geflüchtet, als sie merkten, daß es kam.

Einen Tag lang lag ich in Sou'west Key, und niemand war hinter mir her. Ich war das erste Boot draußen, und ich sah eine Spiere treiben, und ich wußte, da mußte ein Wrack sein, und ich fuhr los, um es zu suchen. Ich fand es. Es war ein dreimastiger Schoner, und ich konnte gerade die Enden seiner Spieren aus dem Wasser ragen sehen. Er lag tief im Wasser, und ich kriegte überhaupt nichts aus ihm raus. Also fuhr ich weiter und suchte nach etwas anderem. Ich war allen andern voraus, und ich wußte, was immer es gab, das mußte ich kriegen. Ich fuhr weiter von da, wo ich den dreimastigen Schoner zurückließ, über die Sandbarren, und ich fand nichts, und ich fuhr ein langes Stück weiter. Ich war weit draußen in der Nähe des Treibsandes, und ich fand nichts, deshalb fuhr ich weiter. Dann, als das Rebecca-Leuchtfeuer in Sicht kam, sah ich alle Arten von Vögeln, die sich über irgendwas hermachten, und ich steuerte zu ihnen rüber, um zu sehen, was es war, und war das vielleicht eine Wolke von Vögeln.

Ich konnte etwas sehen, das wie eine Spiere aussah und aus dem Wasser ragte, und als ich nah dran war, stiegen die Vögel alle auf in die Luft und blieben dicht um mich rum. Das Wasser da draußen war klar, und da ragte was wie'ne Spiere gerade aus dem Wasser raus, und wie ich dicht dran bin, sah ich, daß es unter Wasser ganz dunkel war wie ein langer Schatten, und ich fuhr direkt drüber weg, und da unter Wasser lag ein Passagierdampfer, lag einfach da, völlig unter Wasser, so groß wie die ganze Welt. Ich trieb im Boot über ihn weg. Er lag auf

Pelikane nisten an der Golfküste, in den Everglades und im Gebiet des Indian River und ziehen in Familienformation auf Fischsuche.

der Seite, und das Heck war tief unter Wasser. Die Bullaugen waren alle fest geschlossen, und ich konnte das Glas im Wasser glitzern sehen und seinen ganzen Umfang. Das größte Schiff, das ich je im Leben gesehen habe, lag da, und dann fuhr ich seine ganze Länge ab, und dann fuhr ich rüber und warf Anker, und ich schob das Skiff auf dem Deck nach vorn und ins Wasser runter und ruderte zu ihm raus mit all den Vögeln um mich rum.

Ich hatte ein Wasserglas, wie wir's beim Schwammfischen benutzen, und meine Hand zitterte so, daß ich es kaum halten konnte. Alle Bullaugen waren geschlossen, das konnte man sehen, wenn man drüber und dran entlangfuhr, aber tief unten, dicht am Boden, mußte etwas aufgewesen sein, weil da die ganze Zeit über Stücke von irgendwas raustrieben. Man konnte nicht erkennen, was es war. Einfach Stücke. Hinter denen waren also die Vögel her. So viel Vögel hast du im Leben nicht gesehen. Sie waren überall um mich rum; verrücktes Geschrei.

Ich konnte alles klar und deutlich sehen. Ich konnte seine Rundung sehen, und unter Wasser sah er über'n Kilometer lang aus. Er lag auf einer hellen, weißen Sandbank, und die Spiere war der Art zufolge, wie er auf der Seite lag und sie aus dem Wasser ragte, 'ne Art Fockmast. Sein Bug war nicht sehr tief unter Wasser. Ich konnte auf dem Bug auf den Buchstaben seines Namens stehen, und mein Kopf war gerade über Wasser. Aber das nächste Bullauge war zwölf Fuß unter Wasser. Ich konnte es gerade mit dem Bootshaken erreichen, und versuchte, es damit einzuschlagen, aber ich konnte es nicht. Das Glas war zu dick. Also ruderte ich zu meinem Boot zurück und holte einen Schraubenschlüssel und befestigte ihn am Ende des Bootshakens, aber ich konnte es nicht zerbrechen. Da sah ich nun runter durch das Glas auf den Passagierdampfer mit allem drin, und ich war der erste dran, und ich konnte nicht in ihn rein. Er muß für fünf Millionen Dollar Werte in sich gehabt haben.

Ich zitterte bei dem Gedanken, was er alles in sich haben mußte. Drinnen, hinter dem Bullauge, das geschlossen war, konnte ich was sehen, aber ich konnte es durch mein

Wasserglas nicht erkennen. Mit dem Bootshaken konnte ich nichts ausrichten, und ich zog meine Sachen aus und stand da und holte ein paarmal tief Atem und sprang vom Heck aus mit dem Schraubenschlüssel in der Hand hinab und schwamm hinunter. Ich konnte mich eine Sekunde lang an der Kante des Bullauges festhalten, und ich konnte reinsehen, und da war eine Frau drin, und ihr Haar flutete um sie rum. Deutlich konnte ich sie treiben sehen, und ich schlug mit dem Schraubenschlüssel zweimal doll gegen das Glas, und ich hörte das Geräusch in meinen Ohren klirren, aber es ging nicht in Scherben, und ich mußte wieder raufkommen.

Ich hielt mich am Skiff fest und holte Atem, und dann kletterte ich rein, und dann holte ich ein paarmal Atem und tauchte wieder. Ich schwamm runter und klammerte mich mit den Fingern an der Kante des Bullauges fest und hielt sie fest und schlug, so doll ich konnte, mit dem Schraubenschlüssel gegen das Glas. Ich konnte durch das Glas sehen, wie die Frau im Wasser trieb. Ihr Haar war dicht am Kopf abgebunden, und es flutete im Wasser nach allen Seiten. Ich konnte die Ringe an ihrer einen Hand sehen. Sie war ganz nahe am Bullauge dran, und ich schlug zweimal gegen das Glas, und es kriegte noch nicht mal einen Sprung. Beim Raufkommen dachte ich, ich schaffe es nicht bis nach oben, ohne Atem zu holen.

Ich ging noch mal runter, und ich brachte dem Glas einen Sprung bei, aber bloß einen Sprung, und als ich raufkam, blutete meine Nase, und ich stand mit meinen nackten Füßen auf dem Bug des Passagierdampfers auf den Buchstaben seines Namens, mit dem Kopf gerade über Wasser, und ruhte mich aus, und dann schwamm ich zum Skiff rüber und zog mich dran hoch und rein und saß da und wartete ab, daß mir der Kopf nicht mehr so weh tat, und ich sah runter durch das Wasserglas, aber ich blutete so, daß ich das Wasserglas auswaschen mußte. Dann legte ich mich im Skiff zurück und hielt mir die Hand unter die Nase, um es anzuhalten, und ich lag mit dem Kopf nach hintenüber und sah rauf, und da war 'ne Million Vögel über mir und um mich rum. Als die Bluterei aufhörte, warf ich noch einen Blick durch das Glas, und dann ruderte ich zu dem Boot rüber, um vielleicht was Schwereres als den Schraubenschlüssel zu finden, aber ich konnte nichts finden, nicht mal einen Schwammhaken. Ich fuhr zurück, und das Wasser wurde immer klarer, und man konnte auf der weißen Sandbank alles sehen, was raustrieb. Ich sah mich nach Haifischen um, aber es waren keine da. Einen Haifisch hätte man schon von weitem gesehen. Das Wasser war so klar und der Sand weiß. Am Skiff befand sich ein Ankerring, und ich schnitt ihn ab und ließ mich über Bord und mit ihm runter. Er trug mich runter zu dem Bullauge und dran vorbei, und ich packte zu und konnte mich nicht festhalten, und es ging runter, tiefer und tiefer, und ich glitt an der geschwungenen Bordwand lang. Ich mußte den Ring loslassen. Ich hörte ihn einmal aufschlagen, und es kam mir wie ein Jahr vor, bis ich wieder rauf an die Oberfläche des Wassers kam. Das Skiff war mit der Strömung abgetrieben, und ich schwamm zu ihm rüber, während meine Nase ins Wasser blutete, während ich schwamm, und ich war heilfroh, daß keine Haifische da waren, aber müde war ich.

Mein Kopf war wie auseinandergeplatzt, und ich lag im Skiff und ruhte mich aus, und dann ruderte ich zurück. Es war spät am Nachmittag. Ich tauchte nochmal mit dem Schraubenschlüssel, aber es kam nichts dabei raus. Der Schraubenschlüssel war zu leicht. Es hatte keinen Sinn zu tauchen, wenn man nicht einen schweren Hammer hatte oder irgendwas, was schwer genug war, um was auszurichten. Dann befestigte ich den Schraubenschlüssel noch einmal an dem Bootshaken, und ich beobachtete durch das Wasserglas, und ich schlug auf die Glasscheibe ein und hämmerte drauf los, bis der Schraubenschlüssel abging, und ich sah es klar und deutlich durchs Glas, wie er am Schiff langglitt und dann von ihm weg und runter auf den Treibsand und in ihn rein. Nun konnte ich gar nichts machen. Der Schraubenschlüssel war weg, und den Ankerring war ich los, also ruderte ich zu meinem Boot zurück. Ich war zu müde, um das Skiff raufzuziehen, und die Sonne stand ziemlich tief. Die Vögel zogen alle ab und verließen das Schiff, und ich nahm Kurs auf Sou'west Key mit dem Skiff im Schlepp, und die Vögel flogen vor mir her und hinter mir her. Ich war reichlich müde.

In jener Nacht begann es wieder zu stürmen, und es stürmte eine Woche lang. Man konnte nicht zu ihm raus. Sie kamen aus der Stadt raus und erzählten mir, daß es dem Kerl, dem ich den Muskel hatte durchschneiden müssen, gut ging, bis auf den Arm, und ich ging in die Stadt zurück, und ich mußte fünfhundert Dollar Kaution stellen. Es ging schließlich gut ab, weil ein paar von ihnen, Freunde von mir, schworen, daß er mit einer Axt hinter mir her gewesen war, aber bis wir wieder zu dem Dampfer rauskamen, hatten die Griechen ihn aufgesprengt und ausgeräumt. Das Safe kriegten sie mit Dynamit raus. Keiner hat je erfahren, wieviel sie kriegten. Er hatte Gold geladen, und sie kriegten es alles. Sie plünderten ihn bis aufs letzte. Ich hatte ihn gefunden, und ich bekam noch keinen roten Heller aus ihm raus.

Es war schon eine beschissene Angelegenheit. Man sagt, das Schiff sei gerade vor dem Hafen von Havanna gewesen, als der Orkan losbrach, und es konnte nicht wieder zurück oder die Eigner wollten nicht, daß der Kapitän das Risiko lief, wieder zurückzukommen; man sagt, er habe es versuchen wollen; also mußten sie mit dem Sturm mit, und in der Dunkelheit jagten sie vor ihm her und versuchten zwischen Rebecca und Tortugas durch den Golf zu kommen, als sie auf den Treibsand liefen. Vielleicht wurde ihnen das Ruder weggerissen. Vielleicht steuerten sie nicht einmal. Aber wie dem auch war, sie wußten sicher nicht, daß es Treibsand war, und als sie aufliefen, muß der Kapitän Order gegeben haben, die Ballasttanks zu öffnen, damit sie festliegen würden. Aber es war Treibsand, auf den sie geraten waren, und als sie die Tanks aufmachten, sackte der Dampfer ab mit dem Heck zuerst und legte sich dann auf die Seite. Es waren vierhundertfünfzig Passagiere und die Mannschaft an Bord, und sie müssen alle an Bord gewesen sein, als ich ihn fand. Die müssen die Tanks aufgemacht haben, sobald er auflief, und die Minute, in der er sich auf den Treibsand niederließ, zog es ihn runter. Dann müssen die Kessel geplatzt sein, und das war's wohl, woher all die Stücke kamen, die umhertrieben. Es war aber komisch, daß keine Haifische da waren. Nicht ein Fisch war da. Ich hätte sie auf dem hellen, weißen Sand sehen können.

Jetzt jedoch massenhaft Fische, Judenfische, von der größten Sorte. Der größte Teil des Dampfers ist jetzt unterm Sand, aber sie leben in ihm drin, die größte Sorte Judenfische. Manche wiegen drei- bis vierhundert Pfund. Irgendwann wollen wir mal rausfahren und welche fangen. Von dort, wo er liegt, kann man das Rebecca-Leuchtfeuer sehen. Man hat jetzt eine Boje auf ihm angebracht. Er liegt da, wo der Treibsand aufhört, direkt am Rande des Golfs. Sie hatten die Durchfahrt um höchstens achtzig Meter verfehlt. In der Dunkelheit, in dem Sturm hatten sie sie gerade verfehlt; es regnete derartig, daß sie die Rebecca nicht sehen konnten. Außerdem sind sie an solche Sachen nicht gewöhnt. Der Kapitän eines Passagierdampfers ist nicht gewöhnt, so zu lenzen. Sie haben ihren Kurs, und man hat mir erzählt, sie setzen eine Art Kompaß, und es steuert sich von allein. Sie wußten wahrscheinlich nicht, wo sie waren, als sie vor dem Sturm hinjagten, aber sie hätten es beinah geschafft. Vielleicht hatten sie jedoch das Ruder verloren. Wie dem auch war, es gab sonst nichts zum Auflaufen, bis sie nach Mexiko kamen, sobald sie erstmal im Golf drin waren. Muß aber schon allerhand gewesen sein, als sie in dem Regen und Wind aufliefen, und er ihnen befahl, die Tanks zu öffnen. Bei dem Sturm und Regen kann niemand an Deck gewesen sein. Alle müssen unten gewesen sein. An Deck konnte man sich nicht aufhalten. Drinnen müssen sich schon allerhand Szenen abgespielt haben, nämlich, weißt du, er sank schnell. Ich hab gesehen, wie der Schraubenschlüssel im Sand versank. Der Kapitän konnte, als er auflief, nicht gewußt haben, daß es Treibsand war, außer wenn er die Gewässer hier kannte. Er wußte bloß, daß es kein Felsen war. Er muß alles von der Brücke aus gesehen haben. Er muß gewußt haben, was los war, als sie aufliefen. Ich möchte wissen, wie schnell es ging. Ob wohl der Steuermann bei ihm war? Glaubst du, daß sie auf der Brücke blieben, oder glaubst du, daß sie's im Freien geschluckt haben? Man hat nie irgendwelche Leichen gefunden. Nicht eine einzige. Niemand trieb umher. Und mit Rettungsringen treiben sie lange Strecken. Sie müssen es drinnen geschluckt haben. Na, die Griechen haben alles gekriegt. Alles. Die müssen mächtig schnell da gewesen sein. Sie plünderten ihn gänzlich aus. Zuerst waren die Vögel da, dann ich, dann die Griechen, und selbst die Vögel kriegten mehr aus ihm raus als ich.

Ernest Hemingway, «49 Stories», 1957

Deutsche in Florida

Was für ganz Amerika gilt, davon machen die Südstaaten selbstverständlich keine Ausnahme. Ein Zug von deutschen Namen geht auch durch Florida, noch mehr durch das benachbarte Georgia. Da sprechen schon aus der Wahl der Ortsnamen allerhand verschollene Erinnerungen. *Nassau* heißt nicht nur eine Insel der Bahamas, sondern auch ein Städtchen bei Jacksonville. Es gibt einen *Lake Otto*, ein *Gotha* bei Orlando, ein *Jensen* bei Fort Pierce. Dieses Gotha scheint überhaupt einmal sehr deutsch gewesen zu sein, eine Sprachinsel, gruppiert um eine lutherische Kirche. Viele Namen, die heute nichts mehr bedeuten, sind davon übrig geblieben. Die Familien heißen immer noch: Jakob Burkhard, Steinbach, Trapp, Fischer, Wendel, Regener, Maurer, Seidel, Heckel usw. Ganz besonders häufig taucht «Heß» auf, natürlich beschämende späte Erinnerung an die unglücklichen, seinerzeit nach Amerika verkauften Hessen.

Übrigens wimmelt es auch sonst von Tampa bis Ocala, von Miami bis Saint Augustine von deutschen Namen. Es steht nicht dafür, sie hier aufzuzählen. Süd- und norddeutsche Anklänge mischen sich durcheinander. Die «Meyer» fehlen ebensowenig wie die «Lehmann», an Weiß, Schneider, Schmidt ist auch kein Mangel. Eine besondere Rolle spielen die Hamburger. Man kann übrigens drüben auch überall «Hamburger Steak» essen und ein herzlich bitteres, fast alkoholfreies «Budweiser» dazu trinken. In Miami gibt es sogar ein «Hof-Brau», das aber durchaus nicht sehr verlockend aussieht, dafür hat *Tampa* außer einer «Krausestraße» eine «Goldsteinstreet», und das größte Warenhaus der Stadt heißt Kreß. Nicht allzu weit davon wohnt übrigens ein «Jack Goethe».

Annie Francé-Harrar, «Florida – Das Land des Überflusses», 1931

Palm Beach

[…] Die nächste Entdeckung Floridas verdanken wir einem Piraten ganz anderer Art. Nämlich Mr. Flagler, einem Partner des alten Rockefeller. Beide zusammen hatten im Ölgeschäft nach Leibeskräften das Publikum beraubt. Dann fiel es Flagler ein, aus Florida den schönsten Spielplatz Amerikas zu machen. Er baute in St. Augustin das größte Hotel seiner Zeit. Er stampfte Palm Beach aus dem Nichts – aus einem Nichts von hundert Meilen menschenleeren Küstenstreifen, den bis dahin nur ein Deutscher namens Lang bewohnt hatte, und auch der nur, weil Herr Lang während des Bürgerkrieges nicht Soldat werden wollte, und auch nur so lange, bis er nach einem Sturm am Strand Wrackteile und eine Kiste mit viertausend Golddollar fand. Flagler, wie gesagt, baute dort ein Hotel, noch größer als das größte, in der Tat so groß, daß er gleich ein weiteres bauen mußte für die Angestellten, und schließlich jenseits eines Meeresarmes eine ganze Stadt für Bediente. Im Spielkasino war die Kuppel von Wächtern mit Maschinenpistolen besetzt. Gewinne und Verluste von einer Million am Abend waren keine Besonderheit. Der beliebteste Architekt erklärte: «Ich entwerfe niemals ein Haus für Palm Beach, bevor ich mir nicht eine Romanze ausgedacht habe, die sich darin abspielen wird.» Der jetzige Herzog von Windsor, damals noch Prinz von Wales und bestimmt einiges gewöhnt, war bei seinem ersten Besuch einfach hingerissen von der Schönheit der Frauen. Er bekam die trockene Antwort: «Schließlich ist der Reichtum der Welt hier konzentriert. Warum sollten wir nicht auch die hübschesten Frauen hier konzentrieren?»

Daran dachte ich, als wir Palm Beach besuchten. Aber ach – dahin ist der Zauber des Ortes! Das Kasino wurde 1941 gemäß dem letzten Willen seines verstorbenen Besitzers abgerissen, das Spielgerät außerhalb der Dreimeilenzone ins Meer versenkt. Die Villen sind immer noch hinreißend, die Rasen von livrierten Negern sorglich benetzt, die Gärten

Miami Beach aus
er Vogelperspektive:
otels und Apparte-
nenthäuser sind für
den Ansturm von
nd hundertfünfzig-
tausend Touristen
bereit.

duften betäubend, aber ganz Palm Beach scheint nur von ärgerlichen älteren Damen bewohnt. Es hat mal einer gesagt: «Das Dumme mit Palm Beach ist, wenn man es sich endlich leisten kann, ist man schon zu alt, was davon zu haben.»

Dieser Ausspruch gilt für Palm Beach, nicht aber für das, was Florida heute zu einem Anziehungspunkt von zwei Millionen Touristen macht. [...]

Ab Ende Dezember sind nämlich die Straßen voller Autos mit Wohnwagenanhängern. Am Steuer sitzen Männer mit weißen Haaren, neben ihnen Frauen, denen man ansieht, daß sie ihr Lebtag gearbeitet haben. An allen Brückengeländern stehen sie, die geduldigen Angler: beleibt, im bunt bedruckten Hemd, einen Pappschirm über den Augen zum Schutz gegen die Sonne. Ihre Frauen sitzen dabei und stricken oder malen oder angeln gleichfalls, die nicht mehr ganz jungen Beine in kurze Hosen gesteckt. Wenn die Neue Welt das Paradies der Kinder ist – Florida ist das Dorado der pensionierten Ehepaare. Sie bewohnen die Bungalows zwischen Orchideen und Azaleen und die venezianischen Inseln von Fort Lauderdale. Sie treiben in kleinen Booten auf den Wasserläufen; sie sitzen vor den Türen der pastellfarbenen Motor-Hotels. Sie bevölkern die Bänke der Parkanlagen. Sie verbringen den Winter ihres Lebens in einem Klima, wo auch der Zirkus Barnum alljährlich überwintert. Sie sind nicht zu alt, um etwas davon zu haben. Das Florida von 1953 ist Blüte und Frucht der amerikanischen Sozialversicherung – jedenfalls da, wo es nicht Sumpf oder Sand, sondern Sonne und Strand ist. Das schließt jedoch nicht aus, daß es in Miami sehr schick und ausgelassen hergeht. Wir aßen dort in einem Warenhaus zu Mittag, während braungebrannte Modelle die neuesten Nachmittagskleider und Strandanzüge zwischen den Tischen spazierentrugen. Wir trafen einen Dozenten von der Universität, der aussah, wie ein Brigant aus einem Hollywoodfilm. Wir sahen Spieler und Jockeis und Tänzerinnen aus Nachtbars und fanden Miami unter allen Orten in Florida am anziehendsten. [...]

Peter von Zahn, «Fremde Freunde – Bericht aus der Neuen Welt», 1953

Zwei Figuren in violetter Nacht

Ich hätte mich ebenso gern vom Portier vorm Hotel umarmen lassen
Wie vom Mondlicht nicht mehr als den Druck
Deiner feuchten Hand zu bekommen.

Sei die Stimme Floridas und der Nacht meinem Ohr.
Verwende dämmrige Worte und dämmrige Bilder.
Mach deine Sprache dunkel.

Sprich, selbst, wie wenn ich dich nicht hörte,
Sondern für dich in meinen Gedanken spräche,
Worte ersinnend

Wie die Nacht schweigend die Laute der See ersinnt,
Und eine Serenade
Aus ihrem Wispern und Zischeln macht.

Sage mir Kind, daß die Bussarde auf dem First kauern
Und schlafen, während sie mit einem Auge die Sterne
Unterhalb von Key West fallen sehen.

Sage mir, daß die Palmen klar in totaler Bläue dastehen,
Klar und im Dunkel; daß Nacht ist;
Daß der Mond scheint.

Wallace Stevens, 1961

Fortsetzung Seite 89

Sport und Show am liebsten in perfekter Mischung – spielen eine große Rolle in diesem Staat, in dem viele Bürger von der Unterhaltungsindu-ie leben. Beklatscht von groß und klein zeigt sich hier die ielbesuchte Wasser-ki-Show in Cypress ardens, unweit von Tampa.

olgende Doppelseite: est installierte Ach-erbahnen, die ihren Fahrgästen Hören nd Sehen im wahr-ten Sinne des Wortes vergehen lassen: Rummelvergnügen à la Florida.

(Fast) nichts gibt es, was es nicht gibt – zumindest gilt das für die perfekte Synthetikwelt von Walt Disney World. «Reise in die Phantasie» nennt sich dieser Tunnel mit farbigen Lichtspielen. © Walt Disney Productions

Auch das ist ein Stück Florida: Nächtlicher Blick auf das J.F. Kennedy Space Center, das weltberühmte Raketengelände der USA an der Ostküste, das heute zu Besichtigungsfahrten dem Besucher offensteht.

Die Zukunft hat auch in Walt Disney World schon begonnen: Im EPCOT Center verwirklichten die Mitarbeiter Walt Disneys ihren Traum einer «Versuchsstadt von morgen».
© Walt Disney Productions

Schwierig, den «typi-
schen» Floridaner
auszumachen; zahl-
reiche Rassen und
Nationen leben heu
relativ friedlich, abe
doch gegeneinander
abgegrenzt, im
Sunshine-State.

Exotische Dekoratio
und der laszive
Charme des Südens
kennzeichnen diese
Bar im Winterer-
holungsort Orlando

Schwarze bestimmen nur in wenigen Teilen des Staates das Straßenbild; sie wohnen traditionell eher im Norden des andes, wo ihre Vorfahren als Sklaven arbeiten mußten.

Der Umgang untereinander ist freund-ich – und oberflächlich. Lächeln gehört ür den Barkeeper in Orlando zum Job, die feine Weste ebenfalls.

Vergnügungsparks der Superlative – z ihnen gehört «Seaworld of Florida», wo Sehenswürdigkeiten auf der stolzen Fläche von 125 Hektar zu bestaunen sind. Höhepunkt: «Wasse phantasie», eine ausgeklügelte Fontänenanlage, die von 350 Unterwasserscheinwerfern angestrahlt wird.

Hier kommen die Kinder voll auf ihre Kosten: Circus World wartet mit Circusvorstellungen wilden Tieren und freundlichen Clown auf.

Millionen von Be-uchern kommen aus aller Welt, um sie einmal «leibhaftig» u sehen: Micky und Minnie grüßen aus Walt Disney World vor dem Konterfei Donalds, des ewigen Versagers aus dem Clan der Ducks.
© Walt Disney Productions

Folgende Doppelseite: Gruppenbild vor Cinderellas Schloß, das deutliche Anklänge an die Bauwerke Ludwigs II. von Bayern wach werden läßt und in dem – an der berühmten Tafelrunde – König Artus und seine Mannen speisen.
© Walt Disney Productions

Coke
Coke

Rund drei Meilen nördlich von Sarasota liegt der Gebäudekomplex der Ringlingmuseen. Das Kunstmuseum, äußerlich einem venezianischen Palazzo nachempfunden, enthält eine beachtliche Sammlung von Gemälden aus vier Jahrhunderten. Der Schwerpunkt liegt auf der barocken Malerei, die hier durch eine erlesene Sammlung des Œuvres von Rubens vertreten ist.

Im dazugehörigen
Garten lebt die Sta-
uenwelt von Antike
und Renaissance in
Originalen und
perfekten Kopien.

lgende Doppelseite:
lick auf die Skyline
von Jacksonville,
ssen Wolkenkratzer
die Aktivität des
Handels- und
Finanzzentrums
Nordfloridas
nschaulich belegen.

INDEPENDENT LIFE

Kirchenbau in Sain Augustine, der ältesten Kolonialstadt der USA, die heute noch deutlich ihre spanische Herkunft zeigt; das Leben spielt sich großentei auf der «Plaza» im Zentrum ab.

Abschied von Florida

Fahr zu, hohes Schiff, jetzt da die Schlange
Ihre Haut zurückließ an der Küste.
Key West versank in einem Berg von Wolken
Und Grün und Silber breiteten sich übers Meer. Der Mond
Berührt den Mast, und die Vergangenheit ist tot.
Ihr Geist wird niemals wieder zu mir sprechen
Ich bin frei. Hoch überm Mast löst sich der Mond
Von ihrem Geist, und die Wellen singen
Davon, daß jetzt die Schlange ihre Haut
Abstreifte. Fahr in die Dunkelheit hinein. Die Wellen bleiben rasch zurück.

Ihr Geist band mich ringsum. Die Palmen waren heiß,
Als lebte ich auf Asche, als flüsterten die Blätter,
In denen der Wind das Geräusch aus meinem kalten Norden
Wachhielt, in einem Süden, der einem Grabe glich.
Ihr Süden: Fichten und Korallen und Korallenmeer,
Ihr Heim, nicht meines, auf den immer frischen Inseln,
Und ihre Tage, Nächte, ozeanisch, die nach Musik
Und nach dem Wispern von den Riffs verlangten.
Wie zufrieden werde ich im Norden sein, wohin ich fahre,
Mich sicher fühlen und den gebleichten Sand vergessen . . .

Ich haßte das wetterwendische Heulen, unter dem die Untiefen
Den Grund der See und die Wildnis wogenden Seetangs
Enthüllten. Ich haßte die strotzenden Blüten,
Die sich um das schattenlose Haus rankten, den Rost und die Knochen,
Die Bäume wie Knochen und die Blätter halb Sand und halb Sonne.
Hier in der Dunkelheit an Deck zu stehen und Lebewohl
Zu sagen, zu wissen, daß dieses Land für immer entschwunden ist,
Und daß sie mir in keinem Wort oder Blick
Nachgehen wird, in keinem Gedanken, nur dem,
Daß ich sie einmal liebte . . . Lebwohl. Fahr zu, hohes Schiff.

Mein Norden ist blattlos und liegt in einem Winterschlamm
Von Menschen und Wolken, ein Schlamm von Menschen in Massen.
Wie Wasser sich bewegt, bewegen sich die Menschen,
Die dunkelnde Wasser, das gespalten an der Bordwand
Aufschwillt, das schlitternd vordringt
Und Schaum aufquirlend die Dunkelheit zerstückt.
Wieder frei zu sein, zurückzukehren zu diesen Menschen,
Ihrer Heftigkeit und zu dem Wesen, das mich ringsum binden wird,
Trage mich, nebliges Deck, trage mich in die Kälte,
Fahr zu, hohes Schiff, fahre, tief in das Wasser tauchend, voran.

WALLACE STEVENS, 1961

Reiseführer Florida

(Entnommen dem Polyglott-Reiseführer Nr. 855, «Florida», 11. Auflage 1989/90)

Land und Leute

Florida ist der am stärksten entwickelte Touristenstaat der USA. Er bietet Hunderte von Kilometern menschenleere, weiße Sandstrände, zahlreiche natürliche Seen, aber auch eindrucksvolle Landschaftsbilder mit exotischen Pflanzengattungen und einer interessanten Tierwelt in den naturbelassenen Gebieten der Everglades, in denen auch die letzten Reste der Indianerbevölkerung leben. Dem Naturliebhaber eröffnet sich dort die ganz eigene Welt einer unendlichen Wasser-, Gras- und Sumpflandschaft, zum Teil als Nationalpark eines der größten Naturreservate der USA.

Für den Touristen stehen Luxushotels mit Schwimmbädern und allem denkbaren Komfort, aber auch viele preisgünstigere Hotels und Campingplätze zur Verfügung. Attraktionen, an der Spitze Disney World und das Kennedy Space Center, verlocken zu einem Besuch.

Lage und Größe

Florida liegt zwischen 25 Grad und 30 Grad nördlicher Breite, also etwa auf demselben Breitengrad wie die Kanarischen Inseln, Libyen und Ägypten, und zwischen 80 Grad und 87 Grad westlicher Länge. Im Norden grenzt es an Georgia und Alabama, die übrigen Gebiete werden von den salzigen Fluten des Atlantiks und des Golfs von Mexiko umspült. Die Straße von Florida trennt den amerikanischen Staat von Kuba.

Im Inneren der Halbinsel gibt es rund 30 000 Süßwasserseen, deren überschüssige Wassermenge große Agrargebiete versorgt. Die Sumpfgebiete der Everglades reichen bis an die Ufer des weiten, wasserreichen Okeechobeesees heran. Südlich der Sümpfe bilden die Keys (Riffe) eine lange Kette ins Meer hinaus.

Die Gesamtfläche Floridas beträgt 151 939 Quadratkilometer, davon sind 11 683 mit Wasser bedeckt. Die ganze Halbinsel ist wie ein großer Schwamm, von Seen durchsetzt und von Flüssen durchzogen. Das weite Land besitzt 13 560 Kilometer Küstenlinie und ist ganz flach. Die höchste Stelle liegt nur 105 Meter über dem Meeresspiegel.

Flüsse, Seen und Häfen

Der Saint Johns River entspringt in der Nähe des Kennedy Space Center, fließt dann nach Norden und mündet wenige Kilometer von Jacksonville entfernt in den Atlantischen Ozean. Im Süden ergießt sich der Caloosahatchee River aus dem großen Okeechobeesee westwärts in den Golf von Mexiko. Im Zentrum der Halbinsel durchfließt der Kissimmee River den Tohopekaligasee, dann den Kissimmeesee, um schließlich in den Okeechobeesee zu münden, der seine überschüssigen Wassermassen zur Regenzeit über die weiten Flächen der Everglades verteilt. Weitere Flüsse der Halbinsel sind der Apalachicola River und der Suwannee River, den das Lied «Old Suwannee River» von Stephen Foster besingt.

Der Perdido bildet im Nordwesten die Grenze Floridas zu Alabama, während der Saint Marys nordöstlich den Staat zu Georgia abgrenzt. Unter den Seen ist der Lake Okeechobee der weitaus größte. Weitere wichtige Seen sind Lake Worth, die Seen Tohopekaliga und Kissimmee sowie Lake George. Von den Sümpfen sind der Okefenokee im Nordosten und der Big Cypress Swamp im Südwesten zu nennen. Im Süden dehnen sich die weiten Flächen der Everglades bis zur Meeresküste aus.

Von großer Bedeutung für das Wirtschaftsleben wie für den inneramerikanischen und internationalen Tourismus Floridas sind die Häfen des Landes. Miami nahe der Südspitze ist der Heimathafen einer großen Kreuzfahrtflotte. An der Westküste sind Fort Lauderdale, West Palm Beach, Jacksonville und das historisch bedeutende Saint Augustine die wichtigsten Häfen; am Golf von Mexiko Key West, Saint Petersburg und Tampa sowie Pensacola im Nordwestzipfel des Staates.

Bevölkerung

Nach der Schätzung von 1989 leben 12,5 Millionen Einwohner in Florida (letzte Volkszählung 1980). Die Bevölkerungszunahme von 1970 bis 1980 betrug 43,4 Prozent. In der Nähe Alabamas und Georgias, also im Norden des Landes, findet man vor allem Südstaatler von englischer oder schottischer Abstammung, die Bewohner des Südens sind Zuwanderer aller Staaten der USA oder des Auslands. Das ganzjährig milde Klima lockt Pensionäre in die mittleren und südlichen Gebiete des Landes. Seit den sechziger Jahren verließen 500 000 Kubaner die Zuckerinsel und leben jetzt vor allem in Miami und seiner Umgebung.

Indianer

Als die Spanier 1513 nach Florida kamen, fanden sie mächtige Indianerbünde im nördlichen Territorium vor, die Ackerbau und Viehzucht trieben und einen hohen Kulturstand aufwiesen. Die Indianer lebten in Dörfern, umgeben von Palisaden.

Trotz intensiver Bemühungen von spanischer Seite, freundschaftliche Beziehungen anzuknüpfen und dauerhafte Siedlungen zu gründen, verhielten sich die Indianer den Eindringlingen gegenüber zunächst sehr feindselig. Im nördlichen Teil Floridas entwickelte sich das Verhältnis später etwas günstiger. Die Indianer erwiesen sich als geschickte Handelspartner, und die Beziehung zu den Spaniern war relativ gut. Mit der Ansiedlung der Engländer in Carolina im 17. Jahrhundert begann die koloniale Rivalität zwischen den europäischen Mächten. Kriege und Krankheiten führten im 18. Jahrhundert zur Dezimierung der im Norden Floridas lebenden Indianer. In die verlassenen Gebiete zogen die Vorfahren der heutigen Seminolen. Sie waren Mitglieder des Oconee-Stammes, der dem Volk der Creek angehörte und dessen Territorium im Gebiet des heutigen Staates Georgia lag. Diese Indianer lebten in einer dörflichen Gemeinschaft mit einem komplizierten sozialen Gefüge und einer hochentwickelten Kultur.

Zu Beginn des 19. Jahrhunderts zogen mehr und mehr weiße Siedler südwärts, um sich einen Anteil an dem aufblühenden, lukrativen Baumwollgeschäft zu sichern. Dazu benötigten sie das Land der Indianer. Aus dem bereits gespannten Verhältnis und den nun offenen Feindseligkeiten entbrannte der Seminolenkrieg von 1835 bis 1842, in dem amerikanische Regierungstruppen zusammen mit weißen Siedlern eine eigenständige, hochentwickelte Indianergesellschaft zerstörten. Die Indianer wurden in Gebiete westlich des Mississippi verbannt. Nur eine kleine Gruppe von hundertfünfzig Indianern konnte sich in den Sumpfgebieten Südfloridas verstecken.

1880/1881 sandte das Smithsonian Institut in Washington eine Expedition in die Everglades-Sümpfe. Ihr schloß sich Clay McCauley an. Er fand nur rund zweihundert Indianer zerstreut in fünf losen Gruppierungen und konnte kaum eine Spur der ehemals so hochentwickelten sozialen und politischen Organisation ihrer Vorväter entdecken.

Die heutigen 1500 Seminolen der Everglades sind Nachkommen jener Überlebenden, die sich um 1845 in den Sümpfen versteckten. Erst kürzlich gaben sie ihren Widerstand gegen eine Eingliederung in die amerikanische Gesellschaft auf.

Klima

Im ganzen Land herrscht ein warmes Klima, das nie die Strenge nördlicher Winter annimmt. Während die Gebiete im Norden im Winter etwas abkühlen, verbleibt der Süden mit zeitweise hoher Luftfeuchtigkeit relativ warm. In den mittleren und südlichen Teilen bringt der Sommer mit Hitze und Regen schon tropische Verhältnisse.

Die angenehmen Meeresbrisen, die über die schmale, flache Küstenspitze des Südens wehen, bewirken im Sommer einen leichten abkühlenden Temperaturunterschied gegenüber Zentral- und Nordwestflorida. Deshalb werden auch im Sommer die südlichen Regionen als Feriengebiete allen anderen vorgezogen. In den Sommermonaten ist es jedoch ratsam, Insektenschutzmittel zu verwenden. Man kann aber sagen, daß Floridas trockene Wärme im allgemeinen für Europäer gut verträglich ist. Gewöhnlich werden die Küstengebiete zwischen August und Oktober von tropischen Stürmen mit heftigen Regenfällen heimgesucht.

Die Zeit von April bis Juni sowie die Monate September bis Dezember sind wegen des angenehmen Klimas für eine Reise nach Florida besonders zu empfehlen.

Flora und Fauna

Mehr als dreitausend Pflanzenarten wachsen in Florida. Zu den am häufigsten vorkommenden Blumen zählen blaue Lupinen, Mimosen, Klematien, Sonnenblumen, Orchideen und Azaleen; in diesem Zusammenhang ist auch die Orangenblüte zu nennen, die als «State Flower» gilt. Mit seinen riesigen Plantagen steht Florida an der Spitze der Anbaugebiete für Zitrusfrüchte. Auch erfreuen sich üppig angelegte Gärten eines regen Zuspruchs: Cypress Gardens (Winter Haven), Florida Sunken Gardens (Saint Petersburg), McKee Jungle Gardens (Vero Beach) und Orchid Jungle.

In zwei National Parks, drei National Forests sowie in rund 100 State Parks können Naturliebhaber eine artenreiche Pflanzen- und Tierwelt beobachten. Die zwei warmen Quellen im Ocala National Forest bewässern beispielsweise ein Labyrinth von Wasserwegen für Kanufahrten. Der größte State Park ist der Apalachicola im Westen des Landes. Dort bieten sich unbegrenzte Möglichkeiten zum Angeln und Jagen.

Im südlichen Teil Floridas liegt der Everglades National Park, der die Gelegenheit bietet, eine sehr spezielle Tier- und Pflanzenwelt zu erleben, zu der auch die Alligatoren dieser Sümpfe gehören. Dreihundert Arten von Vögeln und über siebenhundert Fischarten haben die Biologen hier registriert. Von einigen Plätzen aus werden Touren mit speziellen Propellerbooten veranstaltet, die keinen Tiefgang haben und auch über flache Grasinseln hinweggleiten können.

Interessant für Naturfreunde und besonders für Vogelliebhaber ist weiter das Merrit Island National Wildlife Refuge, unweit des Kennedy Space Center, das als Sammelplatz für Zugvögel gilt (man findet hier auch den großen weißen Pelikan). Sehr eindrucksvoll ist der John Pennekamp Coral Reef State Park; die bunte Unterwasserwelt dieses Korallenriffs kann man von Booten mit Glasböden aus beobachten.

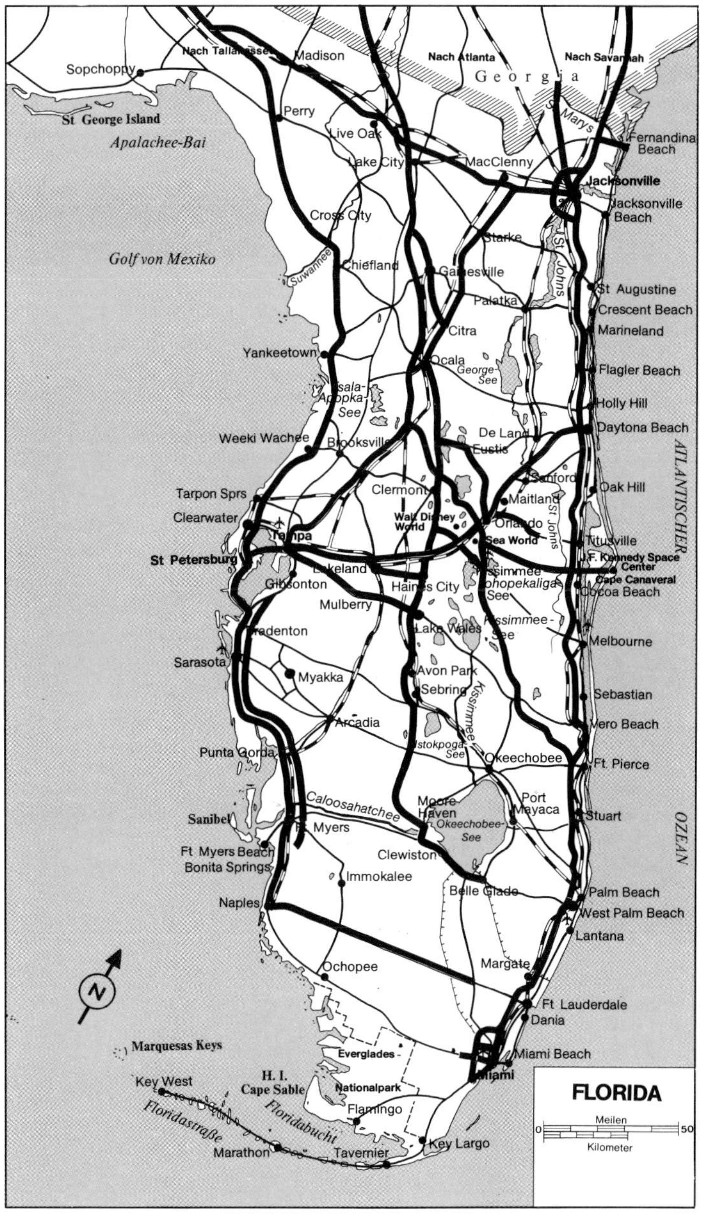

Kunst und Kultur

Für den Kulturraum dieser großen Halbinsel im Südosten des nordamerikanischen Kontinents ist es charakteristisch, daß sowohl die älteste koloniale Stadt, die spanische Gründung Saint Augustine von 1565, als auch eine der jüngsten und attraktivsten Großstädte der USA, das 1915 gegründete Miami Beach, zum Bundesstaat Florida gehören.

Der alte Kern von Saint Augustine hat noch immer die Atmosphäre eines spanisch-mexikanischen Kolonialstädtchens zu Füßen des historischen Castillo de San Marcos, dessen strategische Position in seiner geschützten Hafenbucht fast zwei Jahrhunderte lang von den Spaniern gehalten wurde.

Trotz relativ geringe[r] Anbauflächen konnte sich Florida schon bald als Tabakstaat einen Namen machen. Spezialität ist der in nördlichen Teil ange[-] baute Gadsden-Tabak, der bei Kennern sogar vor der Havanna rangiert. Verarbeitet wurde d[er] Tabak vor allem vo[n] kubanischen Emigranten; das Photo zeigt die Zigarrenherstellung einer Fabrik in Tampa um 1900.

Der friedliche Besitzwechsel durch den 1819 abgeschlossenen Kaufvertrag zwischen der spanischen Krone und den USA hat sehr dazu beigetragen, das Kulturgut der früheren Herren nicht feindselig zu zerstören, sondern zu übernehmen, was sich davon als attraktiv erwies, und die geretteten Reste in neuerer Zeit als nationale Monumente zu pflegen.

Von der indianischen Bevölkerung, die der Landnahme der Europäer einst erbitterten Widerstand leistete, gibt es heute noch einige Dörfer der Seminolen, deren Kultur und Kunst jedoch weitgehend zur touristisch angepaßten Folklore degeneriert sind. Dies verwundert kaum, wenn man den riesigen Menschenstrom in Betracht zieht, der sich alljährlich im Herbst und Winter sonnenhungrig nach Süden wälzt und den Hotelstädten an Floridas Stränden nebst zahlreichen touristischen Einrichtungen und Attraktionen eine vehemente Entwicklung und Ausbreitung gebracht hat. Unter den kommerziellen Gesetzen dieser Tourismusindustrie stehen auch die Stätten der Kunst und Kultur, zu denen nach amerikanischem Selbstverständnis nicht nur zahlreiche private Museen, sondern vor allem auch jene im großen Stil inszenierten Attraktionen gehören, von denen Disney World die größte und bekannteste ist. In der Spannweite vom Frontierland der einstigen Pioniergeneration zum Tomorrowland der Raumfahrt und modernen Technologie bis hin zum Epcot Center (Experimentelles Modell der Gemeinschaft von Morgen) wird dem Besucher hier eine Welt von gestern, morgen und übermorgen vorgeführt, wie sie so romantisch, schön und harmonisch nie war und auch nie sein wird, sich aber dem Bewußtsein doch sehr einprägt: ein «Traum zum Anfassen», gestaltet von sehr viel Phantasie, Kreativität, Optimismus und gekonntem Management. Man sollte diesen sehr populären Aktions- und Erlebnispark durchaus den Rang moderner Kulturstätten zugestehen, wie ihn bereits weit geringere Kompositionen von «Environments» oder «Ensembles» beanspruchen. Florida weist eine ganze Reihe solcher Attraktionen auf, vor allem im Zentrum rund um die Stadt Orlando.

Von speziellem, einmaligem Rang ist das John F. Kennedy Space Center an der Ostküste auf der Höhe von Orlando. Dort kann man nicht nur die berühmten Raketenabschußbasen sehen, sondern auch ein aufschlußreiches Museum der Raumfahrtentwicklung besichtigen.

Im Zeichen namhafter Persönlichkeiten stehen deren einstige Heimstätten, die heute als Museen zugänglich sind, so die Ringling-Stätten zur Erinnerung an die berühmten Zirkusbrüder bei Sarasota, wo nicht nur die Sammlung aus der Zirkuswelt, sondern auch eine berühmte Gemälde- und Skulpturensammlung neben einem großen Landbesitz dazugehören. In Fort Myers kann man ein Haus des berühmten Erfinders Thomas A. Edison mit seinem Laboratorium und botanischen Garten besichtigen, in Palm Beach den aufwendigen Wohnsitz von Henry Flagler, der als Floridas «Eisenbahnkönig» galt, in Key West das alte Haus, in dem Ernest Hemingway lebte und schrieb, an diesem südlichsten Punkt der USA ganz der Sonne und dem Meer zugewandt.

Reisewege – Reisekosten

Anreise

Lufthansa und andere Fluggesellschaften (Pan Am usw.) bieten unter anderem von Frankfurt/Main Direktflüge nach Miami an.

Die Preise der Flugreisen in die USA sind sehr unterschiedlich. Selbst der Normaltarif kennt den Unterschied zwischen Saison und Hochsaison. Neben den teuren Normaltarifen gibt es auch bei den Linienmaschinen viele günstige Sondertarife: zum Beispiel Holiday-, Werktag- und Apex-Tarife. Man erkundige sich in den Reise-

Sie verbanden die Keys mit dem Rest der Welt: Eisenbahnbarone, die mit der Verlegung der Schienenstränge beachtliche Vermögen verdienten, posieren um 1890 im Gruppenbild.

und Flugbüros nach den genauen Bedingungen dieser Tarife; meist ist frühzeitige Buchung erforderlich.

Im Normalfall günstiger als die Sondertarife der Linienflüge sind Charterflüge (NAC, North America Charter, früher ABC). Billigflüge sollte man vergleichen, um so das günstigste Angebot herausfinden zu können. Oft müssen gewisse Nachteile in Kauf genommen werden (Abflüge von ausländischen Flughäfen etc.). Sogenannte Stand-by-Flüge können nicht fest gebucht werden, so daß man mit Wartezeiten rechnen muß.

Viele Reiseveranstalter bieten Pauschal-Flugreisen an, die neben dem Hin- und Rückflug oft die Unterbringung und Verpflegung oder ein Mietauto einschließen. Über die einzelnen Fly-und-Drive-Angebote geben die Reisebüros nähere Auskünfte, ebenso über die große Auswahl an Rundreisen mit dem Flugzeug, die man schon von Europa aus buchen muß. Bei den Einzelreisen, die auch als Package Tours bezeichnet werden, kann man das Urlaubsprogramm weitgehend selbst gestalten.

Eine günstige Möglichkeit nach Miami zu gelangen, bietet der Flug über Nassau (Bahamas). Bahamas World Airlines fliegt von Köln/Bonn nach Nassau.

Reisen in den USA

Flugreisen
Viele amerikanische Fluggesellschaften (Delta Air Lines, Piedmont Airlines, Eastern Airlines, Trans World Airlines, Pan Am u. a.) bieten stark verbilligte Rundflugtickets oder Visit-USA (VUSA)-Tikkets für ihr gesamtes Streckennetz an, meist mit einer bestimmten Anzahl von Coupons. Bei einigen Fluggesellschaften ist dieses Angebot nur in Verbindung mit einem Transatlantikflug möglich. Wichtig: Die Tickets müssen bereits vor Reiseantritt außerhalb der USA gekauft werden. In den USA ist selbst eine Erweiterung nicht mehr möglich. Über die Buchungsbedingungen geben die Reise- und Flugbüros in Europa Auskunft.

In den USA erkundige man sich auch nach günstigen Stand-by-Flügen und nach dem Shuttle Service von einer Stadt zur anderen, der in Florida viele Vorteile bringt.

Bahnreisen
Die AMTRAK (America's National Railroad Passenger Corporation) bietet mehrere Pässe an, die über einige Wochen zu beliebig vielen Fahrten berechtigen (nur außerhalb der USA zu kaufen!). Auskunft erhält man bei den europäischen Vertretungen der AMTRAK: abr, Hauptbahnhof, 8000 München 2 (für Bayern); DER, Eschersheimer Landstraße 25–27, 6000 Frankfurt/M.; Austria Reiseservice, Himmelpfortgasse 3, A-1010 Wien; Kuoni, Neue Hard 7, Neugasse 231, CH-8037 Zürich. Die Reisebüros nehmen auch Reservierungen in den Zügen vor (Roomette, Bedroom).

Busreisen
Das Streckennetz der großen Autobusgesellschaft Greyhound erfaßt alle Teile der USA. Auch in Florida ist es gut ausgebaut, man muß allerdings wegen der häufigen Stopps viel Zeit mitbringen. Die Netzkarte Ameripass berechtigt zu beliebig vielen Fahrten und Unterbrechungen während eines bestimmten Zeitraums. Wichtig: Der Ameripass muß bereits vor Reiseantritt außerhalb der USA gekauft werden. Exakte Fahrplanauskünfte erhält man in den Bus-Terminals, die sich in allen größeren Orten befinden.

Auskünfte vor der Reise geben die Reisebüros oder Greyhound World Travel, Eschersheimer Landstraße 297, 6000 Frankfurt/M.; Opernring 1, Stiege R, A-1010 Wien; Augustiner Gasse 17, CH-8001 Zürich.

Bei Greyhound kann man auch Ausflugsprogramme und Rundreisen buchen.

Praktische Hinweise

Ärztliche Versorgung
In den USA muß man seine Arztrechnung sofort bezahlen. Damit man die (sehr hohen) Kosten für eine eventuelle Behandlung zurückerstattet bekommt, ist es ratsam, eine private Kranken- und Unfallversicherung abzuschließen. Nähere Auskünfte geben die Privatkrankenkassen und die Reisebüros. Man sollte Rezepte für benötigte Arzneien mitnehmen und bei der Einnahme von Tabletten den Zeitunterschied berücksichtigen.

Alkohol
Alkoholische Getränke (auch Bier) dürfen nur an Erwachsene verkauft oder ausgeschenkt werden. Alkohol wird nur in staatlichen Läden, den sogenannten «Liquor stores», verkauft. Es ist strafbar, Alkohol im Auto zu trinken, offene Flaschen müssen in den Kofferraum.

Autofahrer
benötigen in den USA nur den nationalen Führerschein; der internationale Führerschein wird zusätzlich empfohlen.

Die Straßenverhältnisse in den USA sind sehr gut. Das Straßensystem besteht aus National Interstate Freeways (kreuzungsfreie Autobahnen, von denen die Turnpikes und Parkways in der Regel gebührenpflichtig sind; z. B. I-75), United States Highways (Fernverkehrsstraßen; z. B. US 70), State Highways oder Roads (kleinere Straßen innerhalb eines Staates; z. B. SR 12) und Secondary State oder Country Roads (Nebenstraßen örtlicher Bedeutung).

Hinsichtlich der Verkehrsregeln und Verkehrsschilder (es gibt in den USA einige Besonderheiten) sollte man sich vor der Reise beim Automobilclub (ADAC, AvD, ÖAMTC, TCS) oder im Reisebüro genau unterrichten. – Zur Sicherheit der Kinder sind alle Verkehrsteilnehmer verpflichtet, zu halten, wenn Schulbusse stoppen (rotes Blinklicht). Rechts abbiegen bei rotem Ampellicht ist nach vorherigem Anhalten, wenn nicht anders angezeigt, erlaubt.

Besonders wichtig ist die Beachtung der Höchstgeschwindigkeit, sie ist in allen Bundesstaaten der USA auf 65 Meilen in der Stunde (105 km/h) festgesetzt, in geschlossenen Ortschaften dürfen in der Regel nur 20 bis 25 Meilen (32–40 km/h) gefahren werden.

Die zahlreichen Büros der AAA (American Automobile Association) stehen auch Mitgliedern der ausländischen Automobilclubs ADAC, AvD, ÖAMTC und TCS mit Rat und Tat zur Seite. Gültigen Mitgliedsausweis nicht vergessen! Der AAA informiert über Verkehrsregeln und Straßen und hilft bei Pannen. Zudem gibt er Campingführer und Tourenhefte aus. Auskünfte erteilen die Automobilclubs.

Autoverleih
In der Regel muß der Fahrer 21 Jahre alt und im Besitz eines nationalen Führerscheins sein. Der internationale Führerschein wird besonders von kleinen Firmen oft zusätzlich verlangt.

Es empfiehlt sich, die Leihwagenbedingungen und -preise zu vergleichen, da es meist innerhalb Floridas weder eine Kilometerbegrenzung noch eine Rückführgebühr gibt. In den Branchentelefonbüchern («Yellow Pages») findet man unter Car Rentals die gebührenfreien (1)800-Nummern bekannter Autoverleihfirmen wie Avis, Budget/Auto Sixt, Econo, Hertz und National/Europcar.

Es ist von Vorteil, wenn man eine Kreditkarte bei sich führt, damit man keine Kaution hinterlegen muß. Günstig ist auch, Gutscheine vom Reisebüro oder Automobilclub mitzubringen.

Einreise
Touristen und Geschäftsreisende aus der Bundesrepublik Deutschland und der Schweiz benötigen einen gültigen Reisepaß, jedoch kein Visum, wenn sie folgende Voraussetzungen erfüllen: Aufenthalt nicht über neunzig Tage, gültiges Rückflugticket, das nur in dem Land, in dem es gekauft wurde, zurückerstattet werden kann, Einreise mit einer Fluglinie, die zur Ausgabe von Einreiseformularen berechtigt ist (im Reisebüro erkundigen). Österreichische Staatsbürger benötigen zusätzlich zum Reisepaß ein Visum. Aufenthaltsdauer: höchstens sechs Monate. Maßgebend ist die individuelle Festsetzung der Aufenthaltsdauer durch den Immigration Officer bei der Einreise!

Feiertage
In den USA gibt es weniger gesetzliche Feiertage: New Year's Day (1. Jan.), Martin Luther King Day (3. Montag im Jan.), Presidents' Birthday (3. Montag im Febr.) Memorial Day (Heldengedenktag, letzter Montag im Mai), Independence Day (Tag der Unabhängigkeit, 4. Juli), Labor Day (Tag der Arbeit, 1. Montag im Sept.), Columbus Day (2. Montag im Okt.), Veterans Day (Soldatengedenktag, 11. Nov.), Thanksgiving Day (Erntedankfest, 4. Donnerstag im Nov.), Christmas Day (25. Dez.). Darüber hinaus gibt es noch regionale Feiertage. Fällt ein Feiertag auf einen Sonntag, so ist der darauffolgende Montag frei. An den Feiertagen sind öffentliche Einrichtungen (Museen, Post etc.) meistens geschlossen.

Geld und Devisen
Die Währungseinheit ist der Dollar ($) = 100 Cents (¢). Den Wechselkurs erfragt man bei der Bank.

Zur Zeit sind folgende Münzen im Umlauf: Penny (= 1 Cent), Nickel (= 5 Cents), Dime (= 10 Cents), Quarter (= 25 Cents), Half Dollar (= 50 Cents) und 1 $. Banknoten gibt es im Wert von 1, 2, 5. 10, 20, 50, 100, 500 und 1000 Dollar. Alle Dollarnoten haben die gleiche Größe und grüne Farbe und unterscheiden sich nur durch den Wertaufdruck und den abgebildeten Staatsmann.

Die Ein- und Ausfuhr von Fremd- und Landeswährung ist keinen Beschränkungen unterworfen, jedoch muß man Beträge über 10 000 Dollar deklarieren. Man nimmt Geld am besten in Form von Dollar-Reiseschecks mit oder benutzt eine Kreditkarte. Dollar-Reiseschecks werden in den Hotels, in den meisten Restaurants und in vielen Geschäften in Zahlung genommen; die meisten Banken tauschen sie (ohne Gebühr) in normale Dollarnoten um.

Informationen
Erste, zur Reisevorbereitung i. a. ausreichende Informationen erhält man im Reisebüro und beim Fremdenverkehrsamt der USA (USTTA), Bethmannstr. 56, 6000 Frankfurt/M. 1.

Eigene Büros in Deutschland, die auch Touristen mit Informationen und Broschüren behilflich sind, unterhalten das Palm Beach County Convention & Visitors Bureau, Am Hauptbahnhof 10, 6000 Frankfurt/M. und das Fremdenverkehrsamt Lee County, c/o Herzog HC GmbH, Savignystr. 28, 6000 Frankfurt/M.

Spezielle Auskünfte bekommt man in den USA von den jeweiligen Chambers of Commerce oder dem örtlichen Convention and Visitors Bureau sowie bei den Büros der AAA. Informationen und eine gute Straßenkarte erhält man beim Florida Department of Commerce, Collins Building, Tallahassee, FL 32301.

Maße und Gewichte
Längenmaße: 1 inch (in.) = 2,54 cm
1 foot (ft.) = 12 inches = 30,48 cm
1 yard (yd.) = 3 feet = 91,44 cm
1 mile (mi.)) 1,609 km
Hohlmaße: 1 gill (gl.) = 0,118 Liter
1 Pint (pt.) = 4 gills = 0,473 Liter
1 quart (qt.) = 2 pints = 0,946 Liter
1 gallon (gal.) = 4 qt. = 3,785 Liter
Gewichtsmaße: 1 ounce (oz.) = 28,35 g
1 pound (lb.) = 16 oz. = 453,6 g
1 stone (st.)) 14 lbs. = 6,35 kg
1 quarter (qr.) = 2 st. = 12,7 kg

1 hundredweight (ct.) = 4 qt. = 50,8 kg
Temperatur: Die Fahrenheit-(F) und die Celsius-(C) Grade lassen sich wie folgt errechnen: $\frac{(°F-32) \cdot 5}{9}$
(0°C = 32°F, 10°C = 50°F, 20°C = 68°F, 30°C = 86°F usw.)

Netzspannung
110 Volt Wechselstrom. Es ist außerdem ein Zwischenstecker erforderlich, den man sich im Heimatland besorgen sollte.

Öffnungszeiten
Geschäfte: Die Öffnungszeiten sind sehr unterschiedlich. In den sich immer mehr ausbreitenden Shopping Malls (Gruppen von Läden unter einem Dach) sind die Läden im allgemeinen Montag bis Samstag von 10–21 und oft sogar am Sonntag von 10–18 Uhr geöffnet. Einzelläden pflegen von 10–18 Uhr geöffnet zu haben.

Banken: montags bis freitags 10 bis 15, an einem Tag in der Woche (meist freitags) 10 bis 18 Uhr.

Post
Die Postämter sind überwiegend Montag bis Freitag 9 bis 18 Uhr (in kleineren Orten Mittagspause), samstags 8 bis 12 Uhr geöffnet.

Wenn man sich Briefe postlagernd nachschicken lassen will, so muß man folgendermaßen adressieren: (Name), c/o General Delivery, Main Post Office, (Stadt und Staat).

Sport
Auskünfte über alle sportlichen Veranstaltungen (Angeln, Reiten, Segeln, Tennis, Golf, Wellenreiten, Ski, Pferderennen, Baseball, Basketball, Soccer und Football) und öffentliche Sportplätze (Recreation Areas), die oft nur wenige Autominuten vom Stadtzentrum liegen, erteilen die Automobilclubs und die Convention und Visitors Bureaus in den einzelnen Städten.

Telefon- und Telegrammwesen
Das Telefon- und Telegrammwesen gehört nicht zur Post. Telegramme gibt man bei der Western Union auf.

Ferngespräche (long distance calls) vermittelt der «Operator» (0 wählen) oder man wählt direkt die Vorwahlnummern der einzelnen Orte. Wenn man nicht genügend Münzen (5, 10, 25 ¢) eingeworfen hat, schaltet sich der «Operator» ein; deshalb sollte man auch nach einem längeren Ferngespräch warten, ob der «Operator» zurückruft und um eine Nachzahlung bittet. In den USA gibt es R-Gespräche (collect calls), bei denen der andere Teilnehmer zahlt.

Auslandsgespräche vermittelt der «Operator» (0), es sei denn, man telefoniert von einem privaten Anschluß.

Ortsgespräche (local calls) kann man mühelos von den Telefonzellen aus führen. Man beachte die dortigen Anweisungen.

Notruf: 0 (operator).

Toiletten findet man relativ selten. Es empfiehlt sich deshalb, ein Restaurant aufzusuchen. Gewöhnlich bezeichnet man Toiletten mit Rest Room oder Powder Room für Damen und Men's Room oder Lavatory für Herren. Saubere Tankstellen verschließen ihre Aborte; man bittet dann um den Schlüssel (key). Man kann die Toiletten benutzen, ohne etwas zu kaufen oder zu verzehren.

Unterkunft
Hotels/Motels

Hotels und Motels sind im allgemeinen in ausreichender Zahl vorhanden. Motels sind in der Regel etwas billiger als Hotels. Außerhalb der großen Städte und wichtigen Feriengebiete liegen die Preise niedriger.

Die Preise basieren auf dem European Plan, gelten nur für das Zimmer. In Feriengebieten werden Preise nach dem American Plan (Vollpension) oder nach dem Modified American Plan (meist Halbpension) angeboten.

Wenn man eine Rundreise plant, kann man sich auf die Hotel- und Motelketten stützen und Reservierungen von einem Hotel zum anderen vornehmen lassen. Über die kostenlosen (1)800-Nummern, die im Branchenverzeichnis (Yellow Pages) stehen, kann man selber Reservierungen vornehmen. Man erhält eine Reservierungsnummer, mit deren Hilfe man umbuchen und absagen kann. Eine Kreditkarte erleichtert die Reservierung, die sonst meist nur bis 16 Uhr gilt. Von den Vertretungen der Hotelketten in Europa kann man sich den neuesten Hotelführer (Directory, mit Preisangaben) schicken lassen.

Besonders preisgünstig sind die Economy Motels, zu denen unter anderem die Motelketten der Best Western Inns, der Days Inns, der Friendship Inns, der Imperial 400 und der Motel «6» gehören.

Camping

Die Campingplätze liegen vorwiegend in den National und State Parks und in den Recreation Areas. Die Einrichtung ist in den für Wohnwagen bestimmten Trailer Parks besonders gut.

Alljährlich erscheinen der Rand McNally Campground and Trailer Park Guide und Woodall's Trailer Parks and Campgrounds. Auskünfte erteilen außerdem die Touristenbüros.

CVJM/YMCA und YWCA

Die Unterkünfte der Young Men's/Women's Christian Association sind relativ preiswert und in allen größeren Städten zu finden. Meist befinden sie sich in zentraler Lage und besitzen Sportstätten, die oft allgemein zugänglich sind. Eine frühzeitige Reservierung ist erforderlich. Adressenlisten erhält man bei allen CVJM-Heimen im Heimatland.

Jugendherbergen

Jugendherbergen gibt es in Miami Beach, Orlando, Panama City und Perry. Jugendherbergsausweis nicht vergessen! Adressenlisten erhält man vom Jugendherbergsverband oder im Buchhandel.

NAOC

Preisgünstig übernachten kann man ferner in manchen North American Overnight Centers (NAOC), und zwar entweder in den auf dem Universitätsgelände gelegenen Centers (nur während der sommerlichen Semesterferien) oder in den mit NAOC verbundenen Hotels (ganzjährig).

Verpflegung
Unter den Schnellgaststätten spielen die Cafeterias (Selbstbedienung) eine große Rolle. Sehr viele Hotels und Motels haben neben einem Restaurant einen Coffee Shop, ein Speiselokal, das billiger und vom frühen Morgen an geöffnet ist. Restaurants öffnen durchweg gegen Mittag oder auch erst am frühen Abend. Restaurants berechnen in der Regel kein Bedienungsgeld.

In guten Restaurants kann man sich nicht an einen freien Tisch setzen, sondern wartet, bis man einen Platz angeboten bekommt.

Wenn man in einem Restaurant Alkohol trinken möchte, so achte man darauf, ob es eine Lizenz (License) besitzt.

Breakfast wird zwischen 7 und 10 Uhr eingenommen. Man kann ein einfaches kontinentales oder ein reichhaltiges amerikanisches Frühstück bestellen. Der Lunch wird von 12 bis 14 Uhr eingenommen. Die Hauptmahlzeit ist in der Regel das Dinner, das man zwischen 18 und 21 Uhr zu sich nimmt. Das Supper ist meist ein Essen à la carte, das nach Theaterbesuchen oder bei Festen eingenommen wird.

Der Brunch ist eine Kombination von Breakfast und Lunch, da er sonntags am späten Vormittag auch von großen Hotels preisgünstig angeboten wird.

Zeit
In Florida gelten zwei Zeitzonen. Die Eastern Standard Time ist gegenüber der MEZ um sechs Stunden zurück (MEZ minus 6 Std.). Westlich von Tallahassee gilt die Central Time (MEZ minus 7 Std.).

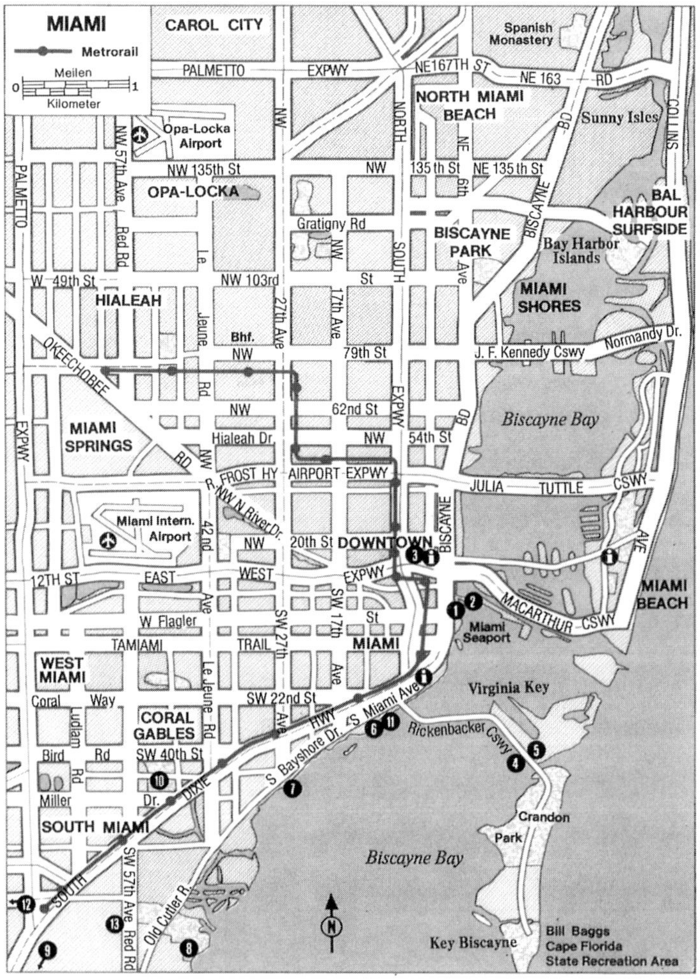

Der angegebene Zeitabschnitt zur mitteleuropäischen Zeit gilt auch für die Periode der Sommerzeit, der «Daylight saving time».

Die Stunden von 0 bis 12 Uhr werden mit dem Zusatz a. m. (ante meridiem = vormittags), die Stunden von 12 bis 24 Uhr mit dem Zusatz p. m. (post meridiem = nachmittags) bezeichnet.

Zoll

Zollfrei sind Gegenstände des persönlichen Bedarfs, 200 Zigaretten oder 50 Zigarren oder 2 kg Tabak sowie 1 Liter alkoholischer Getränke. Geschenke dürfen bis zu einem Wert von 100 Dollar zollfrei eingeführt werden.

Lebensmittel und Pflanzen dürfen nicht eingeführt werden.

Miami

Die Stadt (373 000 Einwohner) ist der Mittelpunkt der sogenannten Standard Metropolitan Statistical Area, die sich von der Biscayne Bay und der Atlantikküste bis zu den Everglades (siehe Seite 96) erstreckt und in der etwa 1,8 Millionen Menschen leben (Miami Beach inbegriffen). Bei Ankunft der Spanier im Jahr 1567 befand sich an der Mündung des Miami River in die Biscayne Bay, also wo heute Miami liegt, ein Indianerdorf, bei dem die Spanier eine Missionsstation anlegten. Eine dauerhafte Niederlassung der Weißen entstand zunächst nicht, vermutlich wegen der feindseligen Haltung der Indianer im südlichen Bereich. Anfang des 19. Jahrhunderts ließen sich einige englische Pflanzer in dem Gebiet der heutigen Stadt nieder, und erst zu Ende des Jahrhunderts entstand eine dorfartige Gemeinde. Der Eisenbahnbau von Henry Flagler brachte nach 1910 eine schnelle Entwicklung. 1920 war die Einwohnerzahl Miamis bereits auf 30 000 angestiegen und bis 1926 sogar auf 85 000. Das Ende des Grundstücksbooms und etliche verheerende Hurrikans stoppten die Entwicklung der Stadt vorübergehend. Erst nach dem Zweiten Weltkrieg wurde Miami eine Großstadt, heute ist es gleichfalls ein wichtiges Tor nach Lateinamerika und zu den Inseln der Karibischen See. Einen Hauptanteil am Aufschwung der Stadt hat das ideale Klima. Vielen Touristen scheinen Miami und Miami Beach untrennbar, aber in Wirklichkeit unterscheiden sich beide Städte beträchtlich. Miami liegt auf dem Festland am Westufer einer breiten Lagune, der Biscayne Bay, Miami Beach erstreckt sich auf dem langen Sandstreifen im Osten der Bay am offenen Meer. Beide Städte sind durch mehrere Brücken miteinander verbunden. Miami bemühte sich, etwas Leichtindustrie ansässig zu machen, um nicht, wie Miami Beach, wirtschaftlich völlig vom Tourismus abhängig zu sein. Die Stadt zeigte sich so erfolgreich in diesem Bestreben, daß sie heute den dritten Platz in Amerikas Modeindustrie hält. Von großer Bedeutung sind für Miami außerdem die landwirtschaftliche Produktion (vor allem Obst), ein expandierendes Bankwesen und eine aufstrebende Computerindustrie.

Seit einigen Jahren, durch die zahlreichen kubanischen Flüchtlinge beschleunigt, wächst der lateinamerikanische Einfluß. In Miami existiert kaum ein Geschäft, in dem die Angestellten nicht spanisch sprechen. Die meisten Geschäfte der Stadtmitte sind bereits zweisprachig beschriftet. Sogar das amerikanischste aller Gerichte, Hot dogs, konnte diesem Einfluß nicht entkommen, denn es wird auch als Perros calientes angeboten.

Sehenswürdigkeiten

Im Stadtzentrum, etwas nördlich der Mündung des Miami River in der Biscayne Bay, liegt der neugestaltete

Bayfront Park [1]. Brunnen, Skulpturen – darunter die John F. Kennedy Torch of Friendship («Fackel der Freundschaft») mit den Flaggen und Wappen der amerikanischen Staaten – und kleine Bootshäfen verschönern die Anlage. Am Nordende des Parks liegt an der Miamarina der Bayside Marketplace, eine große Shopping Mall mit vielen Restaurants. Moderne Schiffe kann man am nahen Pier des

Miami Seaport [2] sehen. Bis zu vierzehn der riesigen, luxuriösen Kreuzfahrtschiffe können hier gleichzeitig andocken. Östlich der Hauptstraße Biscayne Boulevard steht der Komplex des

Metro Dade Cultural Center [3], der kulturelle Nabel Miamis. In den im spanischen Stil erbauten Gebäuden sind das Center for the Fine Arts (internationale Kunstausstellungen), die umfangreiche Stadtbibliothek und das Historical Museum of Southern Florida untergebracht. – Das

Miami-Seaquarium [4] an der Biscayne Bay, nahe dem Rickenbacker Causeway (Damm), ist das größte tropisch-ozeanische Aquarium der Erde mit Seelöwen, Tümmlern, Hunderten von Fischen und Schildkröten. Der Killerwal «Lolita» ist der Star der Show.

Planet Ocean [5] am Rickenbacker Causeway auf Virginia Key ist eine eindrucksvolle Ozeanographie-Ausstellung, die anhand von hundert wissenschaftlichen Objekten und mittels großer Ton- und Lichtbildshows sowie Demonstrationen sehr unterhaltsam über die Naturphänomene unserer Ozeane informiert. – Die

Villa Vizcaya [6], 3251 S. Miami Avenue, nahe der US 1, erbaute sich der amerikanische Großindustrielle James Deering 1916. Heute enthält sie in über siebzig Räumen ein umfassendes Kunstmuseum. Die im italienischen Stil erbaute Villa ist mit europäischen Antiquitäten ausgestattet worden. Im Jachthafen dient eine ungewöhnlich geformte steinerne Barke als Wellenbrecher. – Die

Coconut Grove [7], den südwestlichsten Teil Miamis, wählten viele Künstler als Wohngebiet. Enge Straßen, spanische Villen, englische Landhäuser und zahlreiche andere architektonische Blickfänge sind charakteristisch für Coconut Grove. Viele Häuser stammen aus der Gründerzeit und sind aus dem Holz gestrandeter

Blick auf Miami, das heute noch viele Emigranten aus Lateinamerika anzieht.

Schiffe erbaut. Etliche Kunstgalerien und Geschäfte für Geschenkartikel gruppieren sich um den Main Highway. – Die *Fairchild Tropical Gardens* [8], 10 901 Old Cutler Road, sind tropische Experimentiergärten, in denen fünfhundert Palmenarten und über viertausend weitere tropische Bäume, Sträucher und Schlingpflanzen wachsen. Die Fairchild Tropical Gardens sind täglich von 9.30 bis 16.30 Uhr zugänglich. – Der *Monkey Jungle* [9] ist 22 Meilen (rund 35 Kilometer) südlich von Downtown Miami, an der US 1, S. W. 216th Street, zu erreichen. In diesem Park, in dem viele Affenarten der Erde vertreten sind, gehen die Besucher auf gittergeschützten Spazierwegen, während sie die im tropischen Regenwald freilebenden Affen beobachten.

Praktische Hinweise

Informationen und Stadtpläne erhält man kostenlos vom Greater Miami Convention and Visitors Bureau, 701 Brickell Ave., Tel. 539 - 30 00.

Verkehrsmittel

Miamis internationaler Flughafen liegt etwa acht Kilometer nordwestlich der Stadtmitte, Le Jeune Road und N. W. 36th Street. Der Zubringerdienst (Abfahrt gegenüber der Gepäckausgabe im lower level) erfolgt durch Limousinen, die den Weg zum Hotel um etwa den halben Preis fahren, den man für ein Taxi zahlen muß. Ein Expreßbus (Nr. 20 bzw. Nr. 34 North; Abfahrt: obere Etage, Hauptterminal) fährt stündlich zwischen 6 und 22 Uhr, später in längeren Zeitabständen, nach Miami (Zentrum) und Miami Beach.

Der Bahnhof (Amtrak Miami Passenger Station) liegt in der N. W. 37th Avenue 8303. – Busstationen: Greyhound, 4111 N. W. 27th Street und 7101 Harding Avenue (Miami Beach). Rush-hour (Hauptverkehrszeit) ist von 7 bis 9 Uhr und von 16.30 bis 18 Uhr. Auch während der Mittagspause schwillt der Verkehr stark an.

Metrorail/Metromover: Die neue, vollautomatisierte Hochbahn Metrorail (Rapid Transit) ist nicht nur praktisch und bequem, sondern ermöglicht auch einen Blick auf die Stadt von oben. Um den Kern der Innenstadt verkehrt die Hochbahn Metromover.

Sport und Unterhaltung

Schwimmen: Badestrände sind Bill Baggs Cape Florida State Recreation Area, Crandon Park, Virginia Beach (nahe dem Rickenbacker-Damm), Matheson Hammock und Tahiti Beach in Coral Gables.

Boote können in allen Größen und Arten gemietet werden. Bootsverleih: Crandon Park Marina, Dinner Key Marina (Segelboote), Haulover Marina. Adressen sind in den Yellow Pages des Telefonbuchs zu finden.

Hunderennen: Dieser in Amerika überaus beliebte Sport findet statt im Biscayne Dog Track (2. Juli bis 2. September), 320 N. W. 115th Street, Miami Shores; West Flagler Dog Track (26. April bis 1. Juli), 450 N. W. 37th Avenue.

Angeln: Von den Rickenbacker-, Mc-Arthur-, 79th-Street- und Sunny-Isles-Brücken sowie vom Strand aus bieten sich vorzügliche Gelegenheiten. Angellizenzen erteilt das Office of County Judge, Dade County Courthouse.

Golf: Normandy, 2401 Biarritz Drive; Palmetto 9333 Coral Reef Drive; Haulover, 10800 Collins Avenue; Briar Bay, 9399 S. W. 134th Street; Biltmore, 1210 Anastasia Avenue, Coral Gables; Greynolds, 17530 Dixie Highway; Granada, 2001 Granada Avenue, Coral Gables.

Pferderennen gehören zu Miamis populärsten Veranstaltungen. Die Rennsaison beginnt Mitte Dezember und dauert bis Anfang Mai. Nur die Caldero-Rennstrecke ist so gut ausgebaut, daß das

Der Griff der jungen amerikanischen Nation nach Florida gipfelte 1821 in dem spanisch-amerikanischen Vertrag, der gleichzeitig Tallahassee zur Hauptstadt erhob. Ausgesprochener Patriotismus manifestiert sich deutlich im täglichen Leben – selbst im Showbusiness.

ganze Jahr hindurch Rennen starten können. Die übrigen werden in Hialeah, im Tropical Park und im Gulfstream Park gelaufen.

Wellenreiten: Obwohl es weitaus bessere Surfgebiete in Florida gibt, lockt Miami doch zahlreiche Enthusiasten dieser Sportart an. Genaue Auskünfte über Wellenreiten erhält man in den Hotels.

Tennis: Fast alle Parks von Miami haben einen oder mehrere Tennisplätze auf ihrem Terrain. Außerdem besitzen viele Hotels eigene Plätze.

Fahrradfahren: Fahrradtouren in Miami und in der Umgebung sind auf mehr als zweihundert Kilometern Radweg möglich. Nähere Auskünfte über Vermieter und eine Karte der Wege erhält man im Convention and Visitors Bureau, das auch über alle sonstigen Sport- und Unterhaltungsmöglichkeiten informiert.

Veranstaltungen
Die «King Orange Jamboree Parade» findet jeweils am Neujahrsabend statt; ihr folgt tags darauf das «Orange Bowl Football Game», das bedeutendste Spiel der Nation. Weitere Veranstaltungen sind das «Open Golf Tournament» (Ende Februar), «National Sunburn Dinghy Regatta» und «Coconut Grove Art Festival (beide Mitte Februar), «Mid Winter Sailing Regatta» (März), «Pan American Week» (April) und das Royal Poinciana Festival (Juni).

Theater
Das Coconut Grove Playhouse, 3500 Main Highway, in Coconut Grove, führt populäre Schauspiele auf. Im Garten der Villa Vizcaya (siehe Seite 96) gibt es von Ende Januar bis Mitte März Shakespeare-Aufführungen.

Notfälle
In Notfällen jeder Art ist es empfehlenswert, das lokale Polizeidepartment anzurufen: Tel. 911.

Einkäufe
Die schönsten Geschäfte und Boutiquen im Zentrum findet man im Bayside Marketplace (auch gute Restaurants) am Ufer der Biscayne Bay. Gute Geschäftsstraßen sind Flagler Street zwischen Biscayne Boulevard und Miami Avenue, auf dem Biscayne Boulevard das Gebiet zwischen Flagler Street und 15th Street. Bekannt ist das Ladenviertel Bal Harbour. Der Modedistrikt liegt im Umfeld der N. W. 5th Avenue zwischen 23rd und 29th Street.

Unterkunft
Hotels und Motels sind im Frühjahr und Herbst am preiswertesten, werden teurer in den Sommermonaten und erreichen die Preisspitze in der Wintersaison (Mitte Dezember bis Anfang April). In der Hochsaison liegen die Preise dreißig bis sechzig Prozent höher als zu den übrigen Jahreszeiten. Während des Winters sind Hotelreservierungen in jedem Fall ratsam.

Restaurants
Im allgemeinen findet man Restaurants in den Hotel- und Motelbezirken. Die gutbürgerliche Küche wird in den zahlreichen Cafeterien gepflegt. Zu den Spezialitäten in den guten Restaurants zählen gekochte Pampano-Fische, Krabben (shrimps) und Hummer (lobster). Das Gebiet um Miami ist besonders für seine hervorragenden Fischspeisen bekannt. Eine Liste aller Restaurants im Stadtgebiet von Miami ist kostenlos im Greater Miami Convention and Visitors Bureau, 701 Brickell Avenue, sowie im Miami Convention Center, 400 S. E. Second Avenue, erhältlich.

Ausflüge

Biscayne National Park. Man fährt auf der Interstate 1 nach Süden bis Convoy Point, 15 Kilometer vor Homestead. Dort gibt es ein

Informationszentrum für den gut 71 000 Hektar großen Naturpark, von dem 95 Prozent unter Wasser liegen (vierstündige Bootsfahrten; Tel. 305 / 247 - 24 00).

Everglades National Park (siehe Seite 106 ff.).
Overseas Highway (siehe Seite 105).
Tamiani Trail, US 41. Die Straße verläuft westlich von Miami nach Ochopee und gewährt das Erlebnis einer ungewöhnlichen Fahrt durch die Everglades, wo man große Scharen weißer Ibisse beobachten kann. Man fährt durch mehrere Dörfer der Seminolen, die gegen eine kleine Gebühr besichtigt werden können. An einigen Orten sind Airboats – flache Boote mit einem Flugzeugpropeller – mit indianischen Führern für Fahrten über das Sumpfgebiet zu mieten. Die 1926 fertiggestellte Straße war die erste Verkehrsverbindung zwischen der Ost- und Westküste Südfloridas.

Miami Beach

Zu Anfang des Jahrhunderts war der Inselstreifen vor Miami eine Wildnis, der bevorzugte Aufenthalt von Schlangen und Mücken. Als der Pionier John Collins begann, die 16 Kilometer lange und 3 Kilometer breite Nehrung, die durch die 1,6 bis etwa 5 Kilometer breite Biscayne Bay vom Festland getrennt ist, nutzbar zu machen, änderte sich das Landschaftsbild allmählich. Collins konzentrierte sich dann, nach ersten Versuchen mit Kokosnuß- und Avocadoplantagen, auf die Gründung einer Siedlungsgemeinschaft. Mit der finanziellen Unterstützung durch Carl F. Fisher ließ er den Sumpf auspumpen und ihn mit Treibsand aus der Biscayne Bay auffüllen. Das Gebiet besiedlungsfähig zu machen, war ein mühevolles Unternehmen, und die Besiedlung schritt nur langsam voran. 1926 nahm der Grundstücksankauf sogar ein jähes Ende. 1930 lebten etwa sechstausend Menschen in Miami Beach. Während des Zweiten Weltkriegs wurde Miami Beach überall in den USA bekannt. Die Regierung beschlagnahmte die meisten Hotels, und Tausende von Soldaten verbrachten dort ihren Urlaub und empfingen auch die Besuche ihrer Angehörigen. Kurz nach dem Krieg begann eine fieberhafte Bautätigkeit, und Miami Beach wuchs zu einer Großstadt heran. Eine gut geplante Werbung machte die Stadt kurz darauf weltbekannt.

In der Biscayne Bay zwischen Miami Beach und Miami wurden 28 künstliche Inseln geschaffen, die durch Brücken und Dämme verbunden sind. Auf diesen Inseln baute man vorwiegend exklusive Ferienvillen. Die stattliche Reihe von Hotels kann 250 000 Touristen gleichzeitig beherbergen. Miami Beach gilt außerdem als ein erstrangiges Konferenzzentrum. Die größten Hotels können Säle für 500 bis 5000 Personen zur Verfügung stellen. Im städtischen Auditorium haben 3500 und in der benachbarten Versammlungshalle (Convention Hall) sogar rund 15 000 Personen Platz.

Miami Beach lebt ganz und gar von zahlreichen Pensionisten und vom Fremdenverkehr. Mit dem Festland, also mit Miami, ist Miami Beach durch den Broad-Damm (gebührenpflichtig) im Norden, durch den John-F.-Kennedy-Damm und den Julia-Tuttle-Damm im Zentrum sowie durch den Venetian-Damm (gebührenpflichtig) und den McArthur-Damm im Süden verbunden.

Die Umwandlung dieses Gebiets aus einem unzugänglichen Mangrovensumpf in ein blühendes Gemeinwesen (96 000 Einwohner) und ein attraktives Feriengebiet in der Zeit von nur fünfzig Jahren gehört zu den großen Errungenschaften Floridas.

Sehenswürdigkeiten

Die größte Attraktion in Miami Beach sind die Strände selbst, die Sonne, die Hotel- und Motelreihen auf der Collins Avenue. Der Wettbewerb unter den Hotels hat zu immer neuen sehenswerten Gebäuden und Gartenanlagen am Strand geführt. – Das

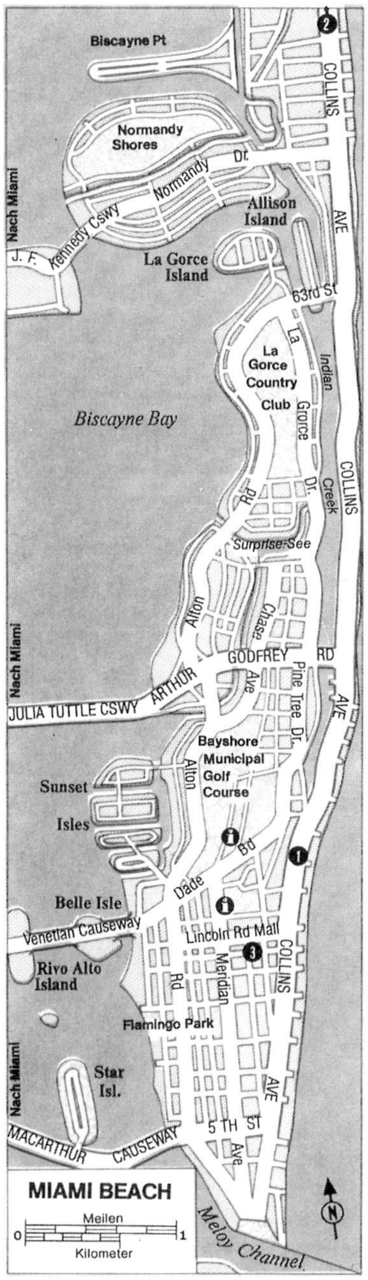

Miami Beach – von der schlangenverseuchten Wildnis um 1900 zur lärmenden Großstadt heute. Eine Großstadt mit sehr verschiedenartigen Gesichtern: von schwindelerregenden Wolkenkratzern bis zu perfekt erhaltenen Art-deko-Fassaden, von exklusiven Nachtclubs zu jüdischen Synagogen, von gepflegten Golfplätzen zu ausgefallenen Delikatessenläden, in denen man sich nach dem Einkaufsbummel nach Herzenslust regenerieren kann. Das selbsternannte Gütesiegel «Hauptstadt der Sonne und des Vergnügens» lockt jährlich Touristen aus allen Teilen der USA und aus Übersee an.

Bass Museum of Art [1], 2100 Collins Avenue, 21st Street, enthält eine Sammlung von Gemälden und Holzskulpturen sowie zwei der größten Wandteppiche der Welt.
The Cloisters [2] (16711 W. Dixie Highway, N. Miami Beach) ist ein 1411 in Spanien errichtetes und 1954 hierher gebrachtes Kloster mit Kunstwerken und Antiquitäten.

Praktische Hinweise

Information: Visitor and Convention Authority, 555 17th Street, Chamber of Commerce, 1920 Meridian Avenue.

Verkehrsmittel
Zwischen allen Stadtgebieten von Miami Beach und Miami besteht regelmäßiger Busverkehr. Bei der Metropolitan Transit Authority, 3300 N. W. 32nd Ave., Miami, erhält man kostenlos Straßenkarten und Fahrpläne sowie telefonische Auskunft.

Sport und Unterhaltung
Wasserskisport: Biscayne Bay.

Tennisplätze findet man im Flamingo Park, 1245 Michigan Avenue, und im North Shore Park, 350 73rd Street.

Die Autostraße durchs Meer: Zweihundertvierzig Kilometer lang führt de Highway von Mia nach Key West, der südlichsten Stadt de USA. Die im Photo gezeigte Bahia-Honda-Bridge gehö zu seinen längsten Brücken.

Golf: Vielen Hotels und Motels ist ein Golfplatz angeschlossen.

Angeln: Mehr als sechshundert Fischarten sind in der Bucht und im Ozean gefangen worden, Angelgeräte können geliehen werden (Adressen in den Yellow Pages des Telefonbuchs).

Boote: Sämtliche Typen vermietet man im Haulover Park und am Bal Harbor Yacht Basin, speziell auch für Hochseeangler.

Hunderennen sind unter «Miami» aufgeführt.

Wellenreiten (Surfing): Die bevorzugten Plätze für diesen beliebten Sport sind Pier Park und Haulover Beach.

Das Art Deco Weekend läßt in der zweiten Januarwoche im Art Deco District den Geist der 30er Jahre wiederaufleben, zur Freude von 250 000 Besuchern.

Nachtleben

Das Nachtleben in Miami Beach ist bunt und wird ausgiebig gepflegt, wie es dem reichen Angebot entspricht. Vor allem während des Winters hat das Showbusiness Hochsaison. Veranstaltungen finden in fast allen größeren Hotels statt. Bekannte Unterhaltungskünstler vom Rang einer Nancy Wilson, Diana Ross, Barbra Streisand und Liza Minnelli oder eines Dean Martin und Jerry Lewis treten hier auf. Je berühmter der Künstler, desto höher die Gage – unter diesem Motto werden Eintrittspreise bis zu hundert Dollar je Person verlangt.

Einkäufe

Ob man ein Zehn-Cent-Souvenir, ein Hunderttausend-Dollar-Armband, eine Jacht, die für tausend Dollar wöchentlich vermietet wird, einen Nerzmantel (zu mieten oder zu kaufen) oder auch nur eine Stecknadel sucht, all dies kann an der «Goldküste» erworben werden. Die Lincoln Road Mall [3] ist eine unerschöpfliche Fundgrube für Shoppers, die ein kleines oder großes Erinnerungsstück oder Mitbringsel für die Daheimgebliebenen zu erstehen wünschen. Viele Amerikaner lassen sich in Kisten verpackte Floridafrüchte schicken. Zu den begehrtesten Souvenirs zählen kunsthandwerkliche Erzeugnisse aus Muscheln, Treibholz oder Kokosnußschalen. Als interessante Geschenke gelten die Arbeiten der Indianer. An der Collins Avenue liegen die Kaufhäuser und Spezialgeschäfte mit einem Warenangebot für jeden Geldbeutel. Ebenso beliebt sind die Geschäfte auf der Washington Avenue, der Arthur Godfrey Road (41st Street) und der 71st Street. Eines der bekanntesten Kaufhäuser in Miami Beach ist «Burdines».

Ausflüge

Die Gray Line und American Sightseeing veranstalten ganz- und halbtägige Touren.

Die Bootsfahrten nach Millionaires Row, in die Everglades und nach Fort Lauderdale beginnen täglich vom Haulover Park Marina, 105th Street, an der Collins Avenue. Wegen des begrenzten Platzkontingents werden Voranmeldungen empfohlen.

Auf der südlichsten Spitze der Insel Key Biscayne, im Bill Baggs Cape Florida State Recreation Park, steht der Leuchtturm Cape Florida Lighthouse. Hier sind historische Erinnerungsstücke aus der Zeit der Piraten und Indianer ausgestellt.

Fort Lauderdale

Die Stadt (153 000 Einwohner) gehört zu den Orten in den Vereinigten Staaten, deren Wachstum auf dem Reißbrett geplant wurde. Die Straßen sind in Quadraten angeordnet. Das Stadtgebiet besteht aus quadratischen Feldern, und verwaltungsmäßig ist es in folgende Sektoren eingeteilt: Nordost (N. E.), Nordwest (N. W.), Südost (S. E.) und Südwest (S. W). Der Broward Boulevard zieht die Grenze zwischen Nord und Süd und die Andrew Avenue zwischen Ost und West. Boulevards, Courts, Drives und Streets verlaufen immer in östlicher bzw. westlicher Himmelsrichtung, dagegen Avenues, Terraces und Ways in nördlicher bzw. südlicher Himmelsrichtung.

«Floridas Venedig» erreicht man, wenn man die Küstenstraße A1A von Miami Beach in nördlicher Richtung fährt. In der durch ihre vielen Kanäle charakterisierten Stadt stellen die Boote neben den Kraftfahrzeugen ein wichtiges Beförderungsmittel dar. Boote in allen Größen und Formen haben Fort Lauderdale als Heimathafen. Die Anfänge der Stadt reichen in die Zeit der Seminolenkriege von 1838 zurück, als Major William Lauderdale hier ein Fort errichten ließ. Obwohl Fort Lauderdale zu den Städten zählt, die sich ständig vergrößern, ist das Wachstum so vorzüglich gelenkt, daß man der Stadt auch heute noch Schönheit zugestehen darf. Unzählige künstliche Kanäle und Wasserwege bilden eine eindrucksvolle Landschaftsszene für die hübschen Häuser, die vor allem östlich der US 1 liegen. Fort Lauderdale kann durchaus als Vorbild für viele andere Städte der Vereinigten Staaten gelten. Die Städte der USA hinterlassen oft den Eindruck, nur für kurze Zeit errichtet worden zu sein, und sind durch falsche oder schlechte Planung sehr häßlich. Fort Lauderdale hingegen entwickelte sich, wie es die Väter der Stadt erträumten. Selbst heute ist der Strand allen frei zugänglich. Auf der westlichen Seite des Atlantic Boulevards stehen elegante Hotels und Geschäfte, während sich gegenüber ein rund zehn Kilometer langer Strand erstreckt, dessen Schönheit viele Feriengäste anzieht.

Für rund 50 000 Studenten wurde es zu einer Tradition, die Weihnachts- und Osterferien in Fort Lauderdale zu verbringen. Diese Masseninvasion von Feriengästen verursacht, zum Ärger der Einwohner der Stadt, ein jährlich wiederkehrendes Verkehrschaos. Jedes Jahr kreuzen etliche Schaulustige als Zaungäste hier auf, um das mitunter bizarre Treiben der Studenten zu verfolgen.

Fort Lauderdale ist nicht allein ein führendes Seebad, sondern vor allem eine Handelsstadt, deren Einnahmen allein aus der Schiffsindustrie auf jährlich rund 165 Millionen Dollar geschätzt werden. Weitere Einkommen ergeben sich aus Viehzucht und Ackerbau, hier vor allem aus dem Handel mit Zitrusfrüchten und aus der Bewirtschaftung der riesigen Rinderfarmen.

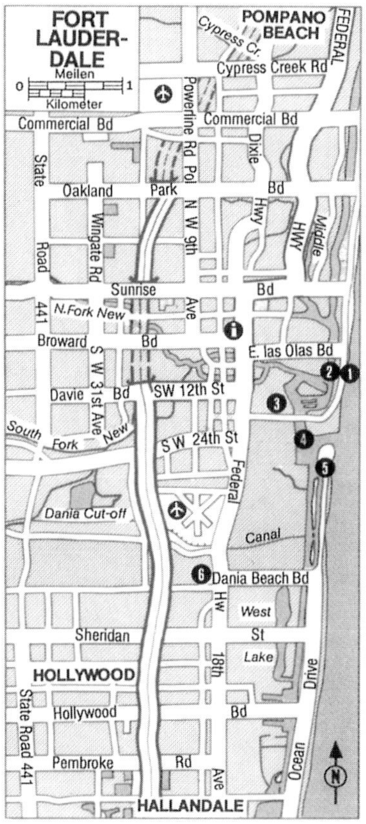

Fort Lauderdale, als Reißbrett-Stadt geplant, quadratisch angelegt und den mückenverseuchten Sümpfen abgetrotzt, mauserte sich vom Soldatenstützpunkt zum gepflegten Seebad, berühmt für seinen schönen Jachthafen Bahia Mar. Über zweihundertfünfzig Meilen künstliche und natürliche Kanäle durchziehen dieses «Venedig Floridas», gesäumt von Upperclass-Wohnhäusern mit Parkanlagen. Ganz in der Nähe laden die schönen Strände von Dania und Hollywood zum Badeurlaub ein.

Sehenswürdigkeiten

Fort Lauderdale vermittelt trotz des langen Strandes am Atlantik und der vielen touristischen Einrichtungen nicht den Eindruck eines Ferienorts; es ist vielmehr eine «Residenz»-Stadt, in der die Gäste von November bis Mai oder Juni verweilen.

Bahia-Mar [1] liegt an einer Bucht auf einem vierzehn Hektar großen Landstreifen in der Nähe von Fort Lauderdale Beach. Das Gebiet kann eine kleine Stadt für sich genannt werden. Man findet hier Geschäfte, Restaurants, Motels, Swimmingpools, die Post sowie Jachtliegeplätze und ein Wohncenter.

International Swimming Hall of Fame [2], das olympische Schwimmbad am 1 Hall of Fame Drive enthält eine einzigartige Sammlung von Wassersport-Erinnerungsstücken.

Ocean World [3] erreicht man nach 1,6 Kilometern auf der US 1, an der A 1 A, 1701 S. E. 17th Street Causeway. Die Schau zeigt laufend Tümmler- und Seelöwenvorstellungen. Ein beliebtes Schauspiel bietet die tägliche Fütterung der Tümmler und der Schildkröten. Haifische sind von einem sicheren Standort jenseits des Wassergrabens zu sehen.

Port Everglades [4], zwei Meilen (rund 3 km) südlich, ist der tiefste Hafen südlich von Norfolk (Virginia). Drei Landungsbrücken ermöglichen das Anlegen von Luxusschiffen, die von hier aus die Karibischen Inseln oder Südamerika anlaufen. Die Hafenanlagen haben ein beachtliches Fassungsvermögen: Hier werden jährlich viele hunderttausend Tonnen Ladung verfrachtet. – Südlich von Port Everglades liegt die *John U. Lloyd Beach Recreation Area* [5], eine rund 100 Hektar große, nur teilweise erschlossene Riffinsel. Sie bietet zahlreiche Wassersport- und Erholungsmöglichkeiten.

Praktische Hinweise

Information: Chamber of Commerce, 208 S. E. 3rd Avenue; Visitors Bureau, 201 S. E. 8th Avenue.

Verkehrsmittel
Fort Lauderdale verfügt über ausreichende Verkehrsverbindungen, so daß sämtliche Stadtbezirke mühelos zu erreichen sind. Mit der Broward County Transit kommt man in alle Gebiete der Stadt und in die Außenbezirke. Außerdem verkehren Busse zwischen dem Stadtzentrum und dem Strand. Taxifahrten werden nach dem Taxameter berechnet. Für die erste Meile wird eine Gebühr von 1,75 Dollar erhoben, jede weitere Meile kostet 1,2 Dollar. Das größte Taxiunternehmen ist Yellow Cab Co.

Der Bahnhof befindet sich 200 S.W. 21st Terrace.

Bus-Bahnhof ist der Greyhound Bus Terminal, 515 N. E. 3rd Street. Hier starten die Touren in alle wichtigeren Städte der engeren und weiteren Umgebung. – Fluggesellschaften: Delta, Eastern, National, Northeastern, Northwest Airlines und Piedmont fliegen den Fort-Lauderdale-Hollywood International Airport an.

Sport und Freizeitgestaltung
Fishing (Angeln): Im allgemeinen sind die Angelmöglichkeiten in ganz Florida sehr gut. Fort Lauderdale bildet davon keine Ausnahme. Der etwa zehn Kilometer lange Strand zieht Sportangler aus allen Teilen des Landes an, die vom Boot oder vom Strand aus fischen. Ebenso beliebt sind die drei Piers unweit von Lauderdale-by-the-Sea. Bevorzugt man den Fang von kleineren Fischen, dann ist Dania oder Pompano Beach das passende Angelgebiet.

Boote können bei Bahia Mar, Pier 66, Chevron Harbour und Marine del Americana gemietet werden.

Blick auf den Jacht-hafen Bahia Mar (Lauderdale), der bereits 1949 angeleg wurde.

Palm Beach – Tummelplatz für d High Society aus ganz Amerika und Übersee. Prachtvoll Hotels und Villen lassen den Winter vergessen.

Wasserski: Unterricht erteilen Ski Rixen, 6601 N. Powerline Road, Pompano Beach und McGinnis School, 2421 S.W. 46th Avenue. Diese Sportart ist besonders in den geschützten Wasserstraßen und Kanälen beliebt.

Tennis: Viele Hotels und Motels haben eigene Tennisplätze; öffentliche Plätze findet man im Holiday Park, Florence C. Hardy Tennis Center und im Sunland Park.

Reiten kann man in den Fort Lauderdale Riding School und The Hitching Post.

Golf: Es gibt mehrere ausgezeichnete Plätze (Dania Country Club, Gulfstream Par 3 Golf Course, American Golfers, Pomgano Beach Par 3 Golf Course, Pines Par 3 Club, Plantation Golf Course und Springtree Country Club).

Shuffleboard: Plätze findet man im Riverside Park.

Jai Alai, eines der schnellsten Spiele der Welt, kann man auf dem Dania Fronton, 301 E. Dania Beach Boulevard, Dania, von Juni bis Mitte April sehen.

Nachtleben

Das Angebot an Unterhaltungsmöglichkeiten ist in Fort Lauderdale immens und vielseitig. Gewöhnlich zahlt man keinen oder nur einen geringen Eintrittspreis. Wie in allen Badeorten gibt es etliche kleine Bars (Bistros) in der Stadt wie in Strandnähe.

Zeitungen

The «Fort Lauderdale News» erscheint täglich. Der Spalte «Events Today» kann man die täglichen Veranstaltungen entnehmen. «Sun Sentinel» ist die zweite Tageszeitung.

Einkäufe

Die Ladenzentren sind über die ganze Stadt verteilt, aber auch in der Nähe der Vororte zu finden. In der Galleria, 2400 East Sunrise Boulevard, liegen Saks, Jordan Marsh und Hartley's mit anderen, häufig kleineren Geschäften unter einem Dach. Weitere Einkaufszentren sind Coral Ridge Shopping Center, 3350 N. Federal Highway (US 1), Sears Town, 901 N. Federal Highway, und Lauderhill Mall an der US 441.

Restaurants

Fast alle guten Restaurants haben sich an der US 1 in der Nähe des Atlantiks etabliert. Weitere Restaurants findet man in den größeren Hotels. Die Speisekarte weist vor allem Fisch- und Rindfleischgerichte auf. Man kann auch nach chinesischer, deutscher, spanischer und polynesischer Küche essen und natürlich «american».

Ausflüge

Ausflüge, die mit dem Bus oder Boot unternommen werden können, gestalten einen Aufenthalt abwechslungsreich.

Die Gray Line steht bei Busausflügen zur Verfügung. Boote legen meistens von den Landungsstegen der Jachtbassins von Fort Lauderdale, Hollywood und Delray Beach ab. Flugreisen zu den Bahamas oder zu anderen Inseln beginnen am Fort Lauderdale Hollywood International Airport.

Jungle Queen Sightseeing Cruise veranstaltet dreistündige Besichtigungsfahrten um Fort Lauderdale. Dabei werden als Sehenswürdigkeiten die Luxusresidenzen, das Stadtzentrum und die Randgebiete der Everglades angesteuert. Weiterhin ist ein kurzer Besuch bei einem indianischen Handelsposten vorgesehen. Das Boot legt täglich um 10 und 14 Uhr vom Bahia Mar Dock (an der A1A) ab. – Nächtliche Kreuzfahrten zu privaten Inseln mit Dinner und Unterhaltung sollten wenigstens drei Wochen im voraus gebucht werden.

Möchte man die Besichtigung der Stadt ohne den eigenen oder gemieteten Wagen und auf ungewöhnliche Weise vornehmen, so ist die Rundfahrt von 75 Minuten Dauer mit der kleinen Bahn

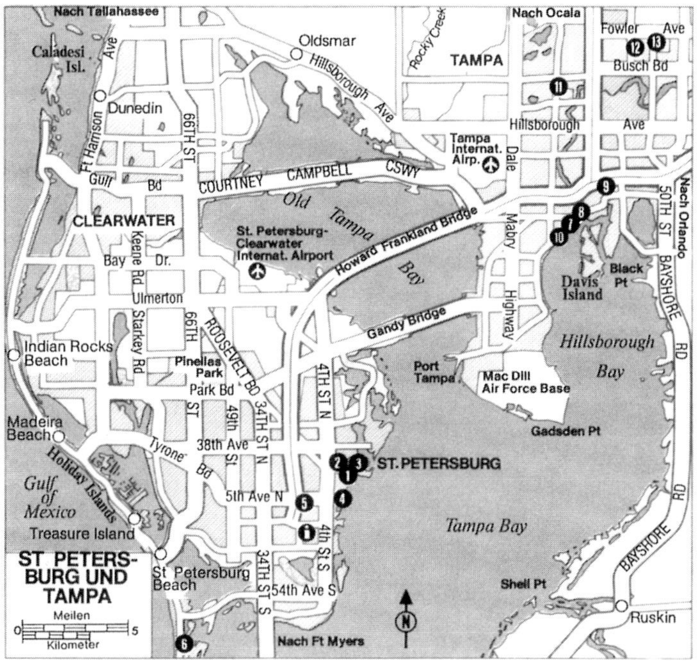

Voyager Sightseeing Train zu empfehlen. Sie verläßt jeweils um 10, 12, 14 und 16 Uhr die Nordeinfahrt des Bahia Mar Yacht Basin (Jachthafen).

Dania [6] (11 800 Einw.; 5 km). Ein Ausflug zu dem südlich von Fort Lauderdale gelegenen Winterbadeort lohnt sich auf jeden Fall für Freunde des Angelsports. Hier ist ein 240 Meter langer Angelpier täglich geöffnet. Dania liegt inmitten eines fruchtbaren Gebiets, in dem selbst im Winter Gemüse angebaut und geerntet wird.

Saint Petersburg

Saint Petersburg ist eine der größten Städte Floridas (237 000 Einwohner) und das Touristenzentrum der Westküste. Es nimmt fast die ganze Osthälfte der Halbinsel Pinellas ein. 1885 ließ ein russischer Emigrant eine Eisenbahnlinie in die kleine hier vorhandene Siedlung legen und benannte den Ort nach seiner Heimatstadt. Die Eisenbahnlinie ließ Saint Petersburg rasch wachsen.

Sehenswürdigkeiten

Im *Saint Petersburg Historical Museum* [1], 335 2nd Avenue N.E., findet man unter anderem eine dreitausend Jahre alte Mumie, Schrumpfköpfe und eine Sammlung alter Dokumente und Zeitungen. – Das

Saint Petersburg Museum of Fine Arts [2], 255 Beach Drive N.E., unterhält sowohl ständige als auch wechselnde Ausstellungen von Gemälden und Möbeln. Von besonderem Interesse sind der Französische, der Jakobitische und der Georgianische Raum, die in den zwanziger Jahren nach Saint Petersburg gebracht wurden.

Sunken Gardens of Saint Petersburg [3], 4th Street N. und 18th Avenue, bedecken etwa 20 000 Quadratmeter. Mehr als 5000 verschiedene Pflanzenarten, sowohl aus Florida als auch aus anderen tropischen Ländern, sind hier vertreten: Palmen, Lebenseichen und Jacaranda-Bäume, Orchideen, Azaleen, Kamelien und Gardenien. Daneben gibt es beachtenswerte Seltenheiten wie den Sausagetree (Leberwurstbaum) aus Afrika zu sehen.

Salvador Dalí Museum [4] (1000 Third Street). In dem 1982 eröffneten Museum befinden sich Werke des spanischen Surrealisten Salvador Dalí (1904–1989), der von 1940 bis 1948 in den USA lebte. Die Kunstschätze (Ölbilder, Aquarelle, Zeichnungen, Skulpturen

«Piratenfeste gehörten und gehören zu den beliebtesten Freizeitvergnügungen in Florida – Hommage an die abenteuerliche Vergangenheit»

und viele andere Kostbarkeiten) stammen aus dem Besitz des Fabrikanten A. Reynolds Morse.

Praktische Hinweise

Information: Chamber of Commerce, 401 3rd Avenue S.; Suncoast Welcome Center, 2001 Ulmerton Road.

Sport und Unterhaltung
Der Liebhaber des amerikanischen Football kann im Frühjahr mehrere bekannte Teams beim Training beobachten. Über die im März fast täglich stattfindenden Trainingsspiele informiert man sich am besten vor Ort. Mehrere Parks haben Freizeitzentren auf ihrem Gelände, wie der Bartlett Park, 4th Street und 18th Avenue, der North Shore Park and Beach am North Shore Drive, zwischen 7th und 13th Avenue.

Der städtische Strand an der Tampa Bay, fünf 18-Loch-Golfplätze, Reitställe und Greyhoundrennen sind nur einige Plätze und Unterhaltungsmöglichkeiten, die genannt werden können. Im Bayfront Center Auditorium and Arena (400 First Street S.) finden Konzerte, Theatervorstellungen und Sportveranstaltungen statt.

Ausflüge

Saint Peterburg Beach (9400 Einw.; 6 km). Diese gut erschlossene Badestadt auf der Long-Key-Insel ist mit dem Festland durch zwei Dämme verbunden. Man hat hier gute Angelmöglichkeiten. – Das
London Wax Museum, 5505 Gulf Boulevard, SR 699, enthält mehr als 100 von Madame Tussaud geschaffenen Wachsfiguren, Nachbildungen berühmter Männer und historischer Szenen.
Clearwater (96 000 Einw.; 16 km). Die Stadt liegt nördlich von Saint Petersburg ebenfalls auf der Pinellas-Halbinsel. Zahlreiche Sportfischer haben ihre Boote hier im Hafen liegen. Wenn man sich im Hochseefischen versuchen möchte, kann man ein Boot für einen Tag mieten. Im Frühling und Sommer finden Segelregatten statt; im März wird die internationale Snipe-Regatta abgehalten.

Tampa

Die Stadt (278 000 Einwohner) ist die unruhigere und mehr industrialisierte Schwester von Saint Petersburg und liegt auf der anderen Seite der Tampa Bay. Kurz nach der Ankunft der ersten Siedler – 1824 – wurde Fort Brook von der amerikanischen Armee errichtet, um den strategisch wichtigen Hafen zu schützen. Nach der Blockade und der Besetzung während des Bürgerkriegs wuchs Tampa unaufhaltsam. Dazu trug auch die hier entstehende kubanische Zigarrenindustrie und die von Henry B. Plants 1884 erbaute Eisenbahn bei. Während des spanisch-amerikanischen Krieges 1898 war Tampa der Haupthafen für die US-Truppen. Heute bedeutsam als Sitz der Universitäten von Südflorida und Tampa sowie der McDill Air Force Base.

Sehenswürdigkeiten

Piratenschiff José Gasparilla [7] (siehe Karte Seite 103). Neben dem Schiff auf dem Hillsborough River, das auch als Kulisse bei der jährlichen Gasparilla Pirate Invasion dient, liegt heute ein Unterseeboot. – Die
Universität von Tampa [8] im Plant Park befindet sich im Gebäude des alten Tampa Bay Hotels (John F. Kennedy Boulevard, am Hillsborough River), das 1889 von Henry B. Plant der Alhambra von Granada nachgebaut wurde. – Das
Henry B. Plant Museum nimmt den Südflügel des Hauptgebäudes

der Universität von Tampa ein; hier sind Kunstgegenstände, darunter venezianische und florentinische Spiegel, zu besichtigen.
Ybar City [9] ist Tampas berühmtes «Latin Quarter». Es erstreckt sich über etwa fünf Quadratkilometer zwischen der Nebraska Avenue, 22nd Street, dem Columbia Drive und dem Adams Drive. 1886 durch Vincente Martinez Ybar, einen kubanischen Zigarrenfabrikanten, gegründet, hat es heute mit seiner vorwiegend kubanischen, spanischen und italienischen Bevölkerung noch viel von seinem ursprünglichen Charme behalten. – Das
Tampa Museum of Art [10], 601 Doyle Carlton Drive, stellt Gemälde und andere Kunstwerke aus. – Im
Lowry Park [11], am North Boulevard an der Sligh Avenue, kann man den Lowry Park Zoo und Fairyland mit Nachbildungen von Schlössern und Märchengestalten besichtigen. – Die
Busch Gardens [12], 3000 Busch Boulevard, liegen etwa sechzehn Kilometer vom Stadtzentrum entfernt. Das über 21 Hektar große Gebiet enthält Großwildgehege mit afrikanischen Tieren, Tropengärten, eine Volière und ein marokkanisches Dorf. Eine Einschienenbahn führt am «Inner Veldt» vorbei und erlaubt, diese fremde Welt zu betrachten, während die Trans-Veldt-Bahn, die nach den Eisenbahnen des 19. Jahrhunderts gebaut ist, in zwanzig Minuten das «Outer Veldt» umfährt.
Museum of Science and Industry [13], fünf Meilen (rund 8 km) nördlich auf der US 41, dann östlich 4801 E. Fowler Avenue. Es besteht aus zehn Gebäuden, in denen Ausstellungen, beispielsweise Sammlungen von Mineralien, versteinerten Hölzern und prähistorischen Gegenständen gezeigt werden.

Praktische Hinweise

Information: Visitors Association, 100 S. Ashley Drive, Suite 850.

Sport und Unterhaltung
Golfplätze, Tennisklubs, der städtische Angelpier und die Bademöglichkeiten das ganze Jahr hindurch bieten einen angenehmen und abwechslungsreichen Ferienaufenthalt. Daneben kann man Hunde- und Pferderennen besuchen oder sich an einem der Angelwettbewerbe beteiligen.

Route 1: Miami – Key West (259 km) – Everglades Nationalpark (69 km)

Von Miami aus geht es in südlicher Richtung nach Homestead und zum
Coral Castle, das man zwei Meilen (rund 3 km) nördlich auf der US 1 erreicht, ein bizarres Schloß, das auf der Spitze eines Korallenriffs liegt. Das Gebäude und viele Einrichtungsgegenstände wurden mit primitiven Werkzeugen von Ed Leedskalnin aus dem Riff gehauen.

Drei Meilen (rund 5 km) nördlich und 1¼ Meilen (2 km) westlich auf der Newton Road liegt
Orchid Jungle, ein Orchideengarten, in dem man zahlreiche Arten dieser Pflanzen findet: kleine Exemplare, die sich wie in der Wildnis um die Bäume schlingen, und große, wundervolle Blüten.

Von Homestead aus geht es nach Süden bis
Key Largo (8000 Einw.; 93 km). Die Entwicklung des Orts beginnt mit Henry Flaglers Plänen für die Florida Coast Line, die man 1912 zu bauen begann und die die Inselkette der «Keys» mit dem Festland verband. 1935, nach Beschädigung durch einen gewaltigen Hurrikan, war die Eisenbahngesellschaft gezwungen, den Betrieb einzustellen. Die Bundesregierung übernahm danach das Projekt, und mit ihrer Hilfe stellte man 1938 den Overseas Highway fertig. Diese Straße verbindet zahlreiche Inseln, zum Teil auf Dämmen und Brücken, von denen die längste elf Kilometer lang ist. Die Brücke führt als südlichster Teil des Highway Nr. 1 von Key Largo bis Key West. Die etwa dreistündige Fahrt «über das Meer» auf dieser Straße ist sehr eindrucksvoll.

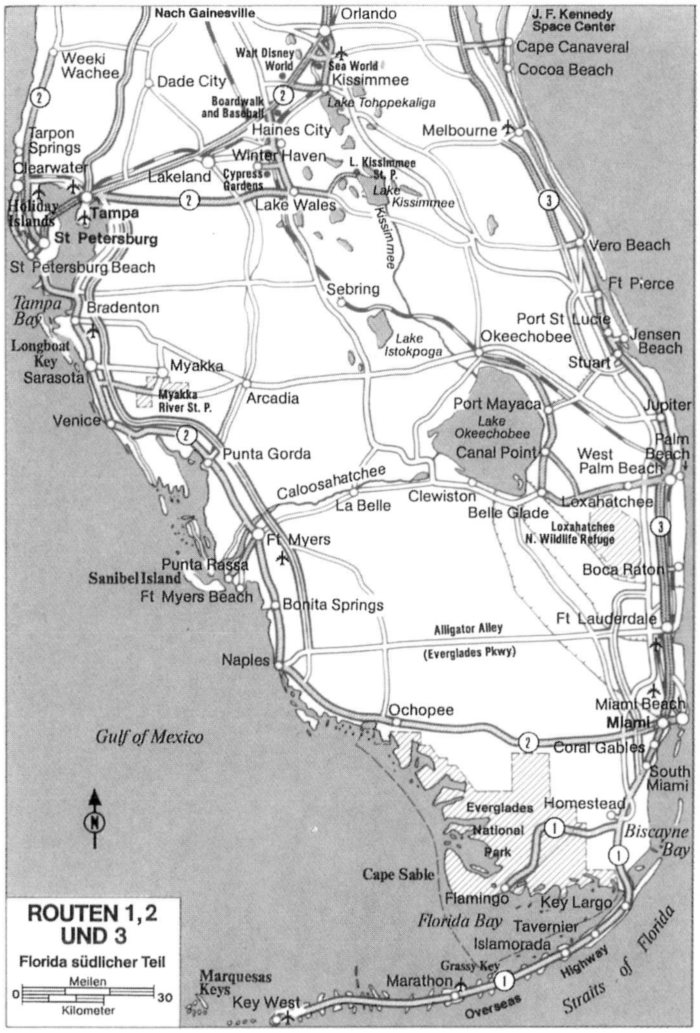

ROUTEN 1, 2 UND 3
Florida südlicher Teil

In Key Largo empfiehlt sich auch der Besuch des
John Pennekamp Coral Reef State Park (30 000 ha Fläche). Zu den Sehenswürdigkeiten des eindrucksvollen Unterwasserparks gehören unzählige tropische Fische sowie über vierzig Korallenarten, über die man in Booten mit Glasboden hinweggleiten kann.

Islamorada (1500 Einw.; 125 km) ist ein beliebter Bade- und Angelort an der oberen Matecumbe Bay. Das Wrack der spanischen Galeere Herrera, zweieinhalb Meilen (4 km) von der Whale Harbour Bridge entfernt, ist Ziel von Sporttauchern.

Anderthalb Meilen (2,4 km) nördlich der US 1 erreicht man das *Theater of the Sea*, das seine Vorführungen mit Delphinen und anderen Meerestieren täglich von 9.30 bis 16 Uhr zeigt. Von Islamorada fährt man auf der US 1 in südwestlicher Richtung weiter. Auf
Grassy Key kann man die Flipper Sea School besuchen. Stündlich werden hier Vorstellungen dressierter Delphine gegeben. Außerdem wird ein Film über den Fang und die Dressur der Delphine gezeigt.

Der nächste größere Ort ist
Marathon (4400 Einw.), das sich als Ausgangspunkt für Hochseeangeltouren eignet.

Key West (25 000 Einw.; 259 km) ist die südwestlichste der Key-Inseln. Die herbe Landschaft der steinigen Küste und der verwitterten Häuser bildet einen starken Kontrast zu den neuen Stahl-und-Glas-Städten Floridas. Key West liegt etwa 160 Meilen (259 km) von Miami entfernt. Die hübsche Stadt verdankt ihre Entstehung Com-

Klostergebäude der Unbefleckten Jungfrau auf Key West, das aus dem Jahr 1878 stammt. Im spanisch-amerikanischen Krieg pflegten die Nonnen hier die verwundeten Soldaten; heute ist das ehemalige Kloster als Museum genützt.

modore Porter, der hier 1822 einen Flottenstützpunkt errichtete. Dieser diente dem Kampf gegen die Piraten.

Kokos- und Dattelpalmen sowie andere tropische Pflanzen und Früchte gedeihen hier prächtig. Gäste sollten nicht versäumen, die ungewöhnlichen Gerichte, zu denen auch Haifischsteaks, Seemuschelsuppe, «Hot Bollos» (fleischgefüllte Kartoffelbälle) und «Conch fritters» (Triton-Muscheln) gehören, zu probieren. Zahlreiche Schriftsteller, unter ihnen Ernest Hemingway, lebten zeitweilig in diesem Winterkurort.

Empfehlenswert ist die Rundfahrt mit

Conch Tour Trains. In anderthalb Stunden legt die Bahn vierzehn Meilen (ca. 22 km) zurück und kommt an allen interessanten Orten der Stadt sowie am Marinestützpunkt in Key West vorbei. Die Züge verkehren täglich von 9 bis 16 Uhr halbstündig. Der Ausgangspunkt ist der Bahnhof, 303 Front Street. – Das

Ernest Hemingway House and Museum liegt in der Whitehead Street Nr. 907. Die Villa gehörte dem Nobelpreisträger von 1931 bis zu seinem Tod im Jahr 1961. Das Gebäude (von 1851) enthält Gegenstände, die der Dichter in Spanien und anderen Ländern gesammelt hat.

Audubon House and Gardens. Hier lebte J. J. Audubon, als er 1832 das Wildleben auf Floridas Keys malte. Das Haus wurde restauriert und mit Mobiliar aus dem 18. und 19. Jahrhundert ausgestattet. Besondere Beachtung verdient die vollständige Sammlung Audubons «Vögel in Amerika».

Everglades-Nationalpark. Sehr lohnend ist für den Florida-Besucher eine Fahrt zum Everglades-Nationalpark. Man fährt von Homestead, wo sich auch die Parkverwaltung befindet, auf der SR 9336 geradewegs in die Sümpfe hinein, bis nach Flamingo an der Floridabucht. Der berühmte Park gilt als die größte subtropische Wildnis in den USA, die fast die ganze südliche Spitze Floridas einnimmt. Er umschließt eine Fläche von 5600 Quadratkilometern, Land und Wasser, Cape Sable inbegriffen, das südlichste Ende des amerikanischen Festlandes. Von hier aus erstreckt sich der Park mit der Florida Bay 72 Kilometer nördlich und 48 Kilometer östlich der Golfküste entlang. Vor allem ist das Sumpfgebiet wegen seiner vielen seltenen Vogelarten, Alligatoren, tropischen Gewächse, des Mangrovenwaldes und der zahlreichen Fischarten eine großartige Natursehenswürdigkeit. Ein großer Teil des Gebiets besteht aus einer Riedgrasmarsch, die gelegentlich von «Hammocks», kleinen Bauminseln, unterbrochen wird. Die messerscharfen Gräser werden nicht selten bis zu dreieinhalb Meter hoch.

Als Zufluchtsort und Brutstätte für Tausende von Land- und Wasservögeln ist dieses Gebiet dem Vogelfreund besonders wichtig. Im Schutz des Parks vergrößerte sich der Tierbestand zusehends. Überall trifft man auf die braunen Pelikane. Zu den selteneren Tieren, die im Sumpf leben, gehören Truthähne, weiße Fischreiher, weiße Ibisse, Löffelenten. Die sehr selten gewordenen Floridapanther sind allerdings dort, wo Besucher hinkommen, kaum zu sehen. Hingegen sind Alligatoren, Schlangen und Seeschildkröten sehr zahlreich. In den tiefen Gewässern des Everglades-Nationalparks leben Haie, Tümmler und andere Meerestiere. Im seichten Wasser am Cape Sable gibt es eine Vielzahl von Fischen wie Seeforellen, Rotfische und Seehechte.

Der Park wurde 1947 gegründet und so ausgebaut, daß den Besuchern auch Zugänge zu gewissen interessanten Punkten offenstehen. An einigen Stellen der Straße zweigen Fußwege zu Bauminseln oder auch Wasserläufen ab, wo man die Tier- und Pflanzenwelt näher beobachten kann. Flamingo ist ein kleiner Ausgangspunkt für Bootsfahrten in den Südteil des Nationalparks, der täglich geöffnet ist. – Das

Visitor Center am Haupteingang (SR 9336) vereinigt verschiedene Ausstellungen. Hier werden auch Filme vorgeführt. Beim Natio-

Per Propellerboot quer durch die Everglades: Everglades City, ganz im Südwesten Floridas, bietet zahlreiche Ausflugsmöglichkeiten in die Welt der «zehntausend Inseln».

nalpark-Service erhält man eine Karte, in der die begehbaren Wege eingezeichnet sind.

Weitere Informationen bei: The Superintendant, Everglades National Park, P. O. Box 279, Homestead, FL 33090.

Anhinga Trail. Der Weg beginnt am Royal Palm Visitor Center. Von einem Holzsteg aus sind während der Wintermonate Alligatoren, Schlangenhalskormorane und andere Tiere zu sehen. – Der *Gumbo Limbo Trail*, ebenfalls am Royal Palm Visitor Center beginnend, führt durch das sogenannte Paradise Key, wo man eine Vielzahl einheimischer Pflanzen betrachten kann.

Mahagony Hammock. Etwa 32 Kilometer vom Parkeingang entfernt (SR 9336) befindet sich dieser Mahagoniwald und tropische Pflanzengarten.

Pa Hay Okee Overlook. Von dem vier Meter hohen Besichtigungsstand aus kann man das Shark-River-Becken und die Riedgraswildnis übersehen.

Pineland Trail. Etwa sechzehn Kilometer vom Haupteingang entfernt liegt ein Gelände, das überwiegend von tropischen Pinien und verwandten Bäumen bestanden wird.

Die US 41 führt vom Miami nach Ochopee und Naples (siehe Route 2) und berührt den nördlichen Zipfel des Everglades-Nationalpark.

Route 2: Miami – Naples – Saint Petersburg/Tampa – Walt Disney World – Orlando – Gainesville (808 km)

Die Golfküste südlich des Suwanneeflusses ist von vielen Buchten zerfurcht. Sie zieht vor allem die Reisenden an, die den Trubel der großen Touristenzentren an der Ostküste meiden wollen. Oft ist der Zugang zum Meer nur über Stichstraßen möglich, wenn die Küstenstraße sich einige Meilen ins Landesinnere wendet. Die Küste wird flach und marschig, sobald man sich den Ten Thousand Islands (Zehntausend Inseln) nähert, einer Gruppe von Inselchen, die dem nördlichen Teil der Everglades vorgelagert sind. Man folgt der Küste bis Saint Petersburg auf der US 41 und erreicht dann über die US 19 Tarpon Springs und Weeki Wachee. Von Tampa führt die Route ins Landesinnere (Pläne siehe Seite 105).

Von Miami fährt man auf der US 41 nach

Naples (20 000 Einw.; 177 km), das an der Küste des Golfs von Mexiko liegt. Das hübsche Städtchen, nach Neapel benannt, besitzt mehr als sechzig Kilometer öffentliche Strände, an denen schöne Muscheln gefunden werden.

Weiter auf der US 41 zwischen Naples und Fort Myers erreicht man

Bonita Springs (198 km), ein Dorf, das dem Besucher vor allem Windhundrennen bietet. Der Naples Fort Myers Kennel Club veranstaltet die Rennen zu variablen Zeiten. Der nächste größere Ort an der Golfküste ist

Fort Myers (37 000 Einw.; 233 km). Hohe Palmen – man kann über siebzig verschiedene Arten zählen – und eine Vielzahl exotischer Blumen und tropischer Früchte prägen das Bild der Stadt. Der Yacht Basin Park bietet viele Möglichkeiten der Unterhaltung. Täglich startet hier zweimal ein Boot zu einer tropischen Kreuzfahrt. – Die

Shell Factory, die man vier Meilen (rund 6 km) nördlich auf der US 41 erreicht, enthält eine Sammlung seltener und farbenprächtiger Muscheln, darunter auch eine der kostbarsten und schönsten der Welt, die «Glory of the Sea». – Das

Thomas A. Edison's Winter Home (botanische Gärten und Laboratorium), 2350 McGregor Boulevard, war die Winterwohnung des berühmten Erfinders von 1886 bis zu seinem Tod 1931. Die Arbeits-

Viehmarkt in Kissimmee, dem Zentrum von Floridas weiter Prärielandschaft.

Verdiente Pause in der Snackbar. Von Mittag bis spät in die Nacht dauert di Auktion, in der einige tausend Kälber angeboten werden.

Cowboys, die sich in puncto Qualität nichts vormachen lassen und die inder fachmännisch prüfen.

Sichtlich überzeugt vom Ertrag – Cowboy und Viehzüchter nach der Auktion in Kissimmee auf dem Weg nach Hause. Den stolzen Mustang als Transportmittel hat längst das Auto abgelöst.

Villa auf Sanibel Island, deren streitbare Bewohner sich bis zum Anfang der sechziger Jahre erfolgreich gegen eine Verbindung mit dem Festland wehrten.

stätten und das Laboratorium, in dem Edison viele seiner Experimente ausführte, sind original erhalten und können ebenso wie der botanische Garten mit seinen seltenen Blumen-, Farn- und Baumarten besichtigt werden.

Ausflug nach Sanibel Island. Von Fort Myers kann man nun auf der SR 867 über Punta Rassa auf die
Sanibel Island fahren. Die Insel ist durch einen Damm mit der Insel Captiva verbunden, und beide bieten gute Angel- und Bademöglichkeiten. Sanibel ist bekannt wegen seiner tropischen Vegetation und des in der ersten Märzwoche hier abgehaltenen Muschelmarkts (Sanibel Shell Fair). Bei jeder Flut werden Tausende von Muscheln an den Strand gespült, der dann zu einem Paradies für den Muschelsammler wird. Der Tier- und Fotofreund findet zahlreiche Motive im J. N. Ding Darling National Wildlife Refuge. Alligatoren und Schildkröten können von einer Ringstraße, dem Wildlife Drive, aus beobachtet und fotografiert werden. Das Hauptquartier dieses Schutzgebiets befindet sich in der Mitte von Sanibel Island, 1 Wildlife Drive.

Von Fort Myers fährt man weiter der Küste entlang auf der US 41 nach Norden und erreicht
Sarasota (52 000 Einw.; 346 km). Vom Golf von Mexiko durch eine Reihe von Sandbänken getrennt, bietet die Sarasota Bay ideale Möglichkeiten für Wasserski, Bootsfahrten und Angeln. Dem Anhänger des Golfsports stehen über zwanzig verschiedene Plätze zur Verfügung.

Das Civic Recreation Center am North Tamiami Trail bildet das Touristenzentrum mit der neuen Performing Arts Hall, der Civic Exhibition Hall, dem Jugendzentrum, der öffentlichen Bücherei und einem Klub für Freizeitgestaltung. Während des Jahres finden Konzerte und Aufführungen in der Van Wezel Performing Arts Hall am Bayfront Civic Center statt. Hunderennen kann man im Sarasota Kennel Club besuchen. Bekannt geworden ist die Stadt vor allem dadurch, daß John Ringling 1927 hier das Winterquartier für seinen Zirkus «Ringling Brothers» aufschlug. Das Vermögen, das er mit der «größten Show der Welt» erwarb, investierte er unter anderem in ein Kunstmuseum, einen Landsitz und viele Projekte zur Verbesserung öffentlicher Einrichtungen. Heute besitzt die Stadt eines der besten Kunstmuseen der Südstaaten und gilt als kulturelles Zentrum Floridas. – Die
Ringling-Museen, drei Meilen (rund 5 km) nördlich von der Innenstadt auf der US 41, sind Erinnerungsstätten an die berühmten Zirkusbrüder. Sie umfassen das John-und-Mable-Ringling-Kunstmuseum, die Circus Galleries, das Asolotheater und Ca' d' Zan, John und Mable Ringlings Wohnpalast.

Das John-und-Mable-Ringling-Kunstmuseum ist im italienischen Renaissancestil erbaut und umschließt eine Gartenanlage mit vielen Nachbildungen weltbekannter Skulpturen. Die Gemäldesammlung umfaßt Werke vom 14. bis zum 18. Jahrhundert. Da John Ringlings Vorliebe der barocken Malerei galt, ließ er eine der bedeutendsten Sammlungen barocker Gemälde zusammentragen. Seine Rubenssammlung ist weltberühmt. Daneben sind auch Gemälde von Rembrandt, El Greco, Frans Hals, Gainsborough, Reynolds, Velázquez, Murillo und Tiepolo zu sehen.

Dem Kunstmuseum angeschlossen ist das Asolo-Staatstheater, das im Jahr 1798 in Asolo, nahe Venedig, erbaut wurde. 1930 wurde es demontiert und nach zwanzigjähriger Lagerung 1949 vom Staat Florida gekauft und wiederaufgebaut. Von Dezember bis Juli finden hier Konzerte und Lesungen statt, werden Opern und Schauspiele aufgeführt.

Die Circus Galleries wurden 1948, zwölf Jahre nach dem Tod John Ringlings, vom Staat Florida gegründet, sowohl zur Erinnerung an den berühmten Mann als auch zur Dokumentation der Zir-

Er drückte Florida seinen deutlichen Stempel auf: der Zirkuskönig John Ringling, mit seinem Museumskomplex bombastisch in Stein verewigt.

kusgeschichte von der Antike bis zu Ringling. Der Hauptteil des Museums ist der Entwicklungsgeschichte des amerikanischen Zirkus und besonders auch der «größten Schau der Welt» und ihres Gründers gewidmet. Viele originale Wagen, Requisiten, aber auch Lithographien und Zeichnungen geben ein anschauliches Bild der Entwicklung des Zirkus.

Die Ringling-Residenz Ca' d' Zan liegt an der Sarasota Bay und verbindet sehr frei verschiedene Elemente der von Mabel Ringling besonders bewunderten Gebäude, des Dogenpalastes in Venedig und des Turms der alten Madison Square Gardens. Die Räume sind mit vielen Kunstgegenständen ausgestattet. Erhalten im ursprünglichen Glanz sind das Marmorschwimmbad, die große Orgel, Fenster aus venezianischem Glas, reiche englische und flämische Tapeten und sehr schöne schmiedeeiserne Arbeiten.

Sarasota Jungle Gardens. Sie liegen anderthalb Meilen (rund 2,5 km) nördlich der Innenstadt an der US 41. Mehr als 5200 verschiedene Pflanzenarten vermitteln hier den Eindruck der tropischen Welt. Affen, Schwäne und Gänse bewegen sich frei. Die Kakadu- und Makao-Schau wird im Macao-Manor gezeigt.

Ausflug zum Myakka River State Park. Siebzehn Meilen östlich von Sarasota, auf der SR 72, liegt ein riesiges (11 686 ha) Tierschutzgebiet, wo man zweihundert Vogelarten, Rehe, Waschbären, Wildschweine und andere Tiere beobachten kann. Führungen mit Boot und Minieisenbahn.

Nördlich von Sarasota liegt

Bradenton (35 000 Einw.). Die Stadt ist nur wenige Meilen von den Sandstränden der Golfküste entfernt und eines der Touristenzentren an Floridas Westküste. Vor allem während der Wintersaison kommen die Besucher hierher, um an den verschiedenen Unterhaltungs- und Sportmöglichkeiten teilzunehmen. Zeugen der Geschichte der Stadt sind die Ruinen des Branden Castle, 25th Street und 2nd Avenue E. – Das

De Soto National Memorial, etwa fünf Meilen (rund 8 km) westlich der Innenstadt und zwei Meilen (rund 3 km) nördlich auf der 75th Street W., wurde zum Gedenken an die Anfänge der Erforschung der südöstlichen Vereinigten Staaten erbaut. Hernando de Soto landete 1539 mit über 600 spanischen Begleitern an einer Stelle zwischen Saint Petersburg und Fort Myers. Die Expediton, die durch zahlreiche Kämpfe mit den Indianern erschwert wurde, führte durch das ganze Land Florida bis North Carolina und Texas, über mehr als 6000 Kilometer. 1541 entdeckte de Soto den Mississippi, ein Jahr später wurde er hier begraben. Nur etwa die Hälfte der Gruppe kehrte nach Mexiko zurück. Die reichen Städte mit Schätzen von Gold und Edelsteinen, die die Expedition suchte, blieben Wunschtraum und Legende.

Das Museum zeigt Funde aus jener Epoche und einen Film, der die Geschichte der Expedition erzählt. Ein Naturpfad führt etwa einen Kilometer entlang dem Mewatee River. – 201 10th Street W. liegt das

South Florida Museum und Bishop Planetarium, das Schaustücke der Geschichte und Entwicklung Floridas von der Steinzeit bis in die Gegenwart zeigt. Die interessanten Sammlungen umfassen einen Zeitraum von indianischen Funden bis zur Saturn-Rakete.

Nördlich von Bradenton führt die Mautbrücke Sunshine Skyway Bridge über die Bucht von Tampa hinüber nach Saint Petersburg.

Fährt man von Bradenton aus die Tampa-Bucht entlang, kommt man zur Stadt Tampa.

Abstecher nach Norden. Man fährt auf der US 19 weiter nach **Tarpon Springs** (13 300 Einw.; 43 km). Die Stadt wurde 1876 von A. P. K. Safford, einem früheren Gouverneur Arizonas, gegründet.

Griechische Schwammtaucher kamen um die Jahrhundertwende und machten die Gegend zum Lieferanten für Schwämme. Der griechische Einfluß ist noch bei Festlichkeiten und in der Gastronomie zu bemerken. – Die

Greek Orthodox Church of Saint Nicolas liegt an der N. Pinellas Avenue und der Orange Street. In der Kirche werden noch viele der alten Riten vollzogen, und bedeutende kirchliche Feiertage werden mit besonderer Festlichkeit begangen. Sehenswert vor allem ist die Greek Cross Ceremony oder Epiphany Service, die die Taufe des Kreuzes zum Gedenken an die Auffindung des Kreuzes Christi durch die heilige Helena darstellt. Die Zeremonie findet jährlich am 6. Januar mittags statt. – Bei

Samarkos Brothers Sponge Co. Inc., 700 N. Pinella Street, auf der US19A, wird ein Fünfzehn-Minuten-Film über das Schwammtauchen im Gebiet von Tarpon Springs gezeigt. – Im

Spongeorama, bei den Spongedocks, geben Bilder und Dioramen einen Eindruck von der Schwammindustrie und den damit beschäftigten Menschen. Jede halbe Stunde wechseln die Filme. Einmal wird die Herstellung eines Schwamms gezeigt, dann eine Tauchvorführung. Außerdem liegen ein Schwammboot und ein Schoner hier vor Anker.

Weeki Wachee liegt 87 Kilometer nördlich von Saint Petersburg, an der Kreuzung US19 und SR50. Der Name kommt aus der Sprache der Creek-Indianer (Wekiwa heißt Quelle und Chee klein) und bedeutet «kleine Quelle». Sie speist einen Fluß mit kristallklarem Wasser, der sich zwölf Meilen (rund 19 km) weiter in den Golf von Mexiko ergießt. Außerdem ermöglicht sie eine sehr eindrucksvolle Unterwasserschau. In einem Boot mit Glasboden kann man einen Dschungelfluß hinunterfahren, vorbei an wilden Tieren und einem indianischen Handelsposten. In einer Vogelschau erlebt man dressierte Makaos und Kakadus.

Von Tampa fährt man auf der SR60 ins Landesinnere nach **Lake Wales** (8500 Einw.; 524 km). Die Stadt hat verschiedene Sehenswürdigkeiten aufzuweisen, die ein Verweilen lohnen. – Die

Passionsspiele, die während des Sommers in Spearfish, South Dakota, aufgeführt werden, zeigt man im Winter an einem kleinen Ort rund zweieinhalb Kilometer südöstlich von Lake Wales. Die Aufführungen finden von Mitte Februar bis Mitte April statt. In den Bok Tower Gardens steht der

Singing Tower (rund drei Kilometer nördlich von Lake Wales auf dem Iron Mountain). Der «singende» Turm, von E. Bok erbaut, besitzt 53 Glocken. Die größte wiegt über 11 Tonnen, die kleinste nur 17 Pfund. Das große Glockenspiel erklingt täglich um 15 Uhr, ein kürzeres jede halbe Stunde. Sondervorführungen werden angekündigt. Die Glocken sind am besten aus einer Entfernung von 60 Metern zu hören. Der Turm ist von Tausenden Azaleen, Kamelien und Magnolien umgeben. – Der

Lake Kissimmee State Park (neunzehn Kilometer östlich über SR60, Boys Scout Road und Camp Mack Road) zeigt die ursprüngliche Vegetation und Tierwelt Zentralfloridas, einer Region, die während der letzten Eiszeit noch unter dem Meeresspiegel lag. Von einem Aussichtsturm blickt man weit über die leicht wellige Landschaft, deren Form noch die einstige Küstenlinie und die Dünen erahnen läßt. Heute ist die Gegend ein wichtiges Quellgebiet für die Sumpflandschaft der Everglades in Südflorida. Wanderwege und eine historische Ausstellung über das Rancherleben vor hundert Jahren.

Nördlich von Lake Wales liegen an der SR540 in Richtung Winter Haven die

Cypress Gardens. Sie sind unter den vielen Attraktionen Floridas eine der bemerkenswertesten. Spazierwege führen durch Gebiete, die Namen tragen wie Southern Mansion Lawn, The Big Lagoon, The Florida Rose Gardens, Mediterranean Waterfall usw. Mit Elektrobooten kann man geräuschlos durch Kanäle fahren, während einige der über neuntausend verschiedenen Pflanzen und Blumen erklärt werden. Daneben finden täglich interessante Vorführungen im Wasserskilaufen statt.

Die Fahrt geht zurück zur US27, an der

Haines City (9000 Einw.) liegt, das vor allem während der farbenprächtigen Orangenblüte von Februar bis Mai einen Besuch lohnt. Die umliegenden Seen bieten ausgezeichnete Plätze für den Angler sowie zahlreiche Möglichkeiten für andere Arten des Wassersports. Von hier aus ist es auch nicht weit zu den riesigen Weideflächen der Kissimmee-Ebene.

Von Haines City führt die US27 zur I-4.

Boardwalk and Baseball (an der Kreuzung gelegen) ist ein besonders bei Kindern beliebter Vergnügungspark. Es finden regelmäßige Vorstellungen mit Tieren, Clowns und Artisten statt.

Man erreicht eine Meile westlich der I-4 auf der US192 die Einfahrt (589 km) zu

Walt Disney World.

Die großen Erfolge des 1955 bei Los Angeles in Kalifornien eröffneten Disneyland veranlaßten das Unternehmen, in Florida einen ganz ähnlichen Vergnügungspark anzulegen, der 1971 als Disney World's Magic Kingdom bei Orlando eröffnet wurde. Dies war der Anfang eines Riesenprojekts, das – anders als das kalifornische Vorbild – in eine weitläufige Erholungslandschaft von mehr als elf Quadratkilometern eingebettet ist.

Man kann im Transportation and Ticket Center (Eingang) wählen, wie viele Tage man bleiben will. Obwohl die Attraktionen nahe beieinander liegen, sind für einen ausgiebigen Besuch von Magic Kingdom und Epcot Center mehrere Tage zu empfehlen.

Magic Kingdom ist täglich von 9 bis 19 Uhr, an Feiertagen bis 24 Uhr, geöffnet; das Epcot Center von 9 bis 20 Uhr. Eine Bahn, die Monorail, verbindet das Epcot Center und das Magic Kingdom.

Magic Kingdom Theme Park. Disney World ist eine gutorganisierte, für viele Menschen faszinierende Sehenswürdigkeit und zieht alljährlich Millionen Besucher an. Der Themenpark Magic Kingdom ist der Kern eines großen Gebiets, zu dem zwei Seen und mehrere Hotels gehören. Vom riesigen Parkplatz aus erreicht man das jenseits der Seven Seas Lagoon aufragende «Magische Königreich» entweder mit pittoresken Fährschiffen oder mit der den See umrundenden, modernen Einschienenbahn, die auch die drei Hotels am See, eins im polynesischen Stil, eines futuristisch, das neueste im viktorianischen Stil angelegt, auf ihrem Acht-Kilometer-Rundkurs bedient. Die Mainstreet mit hübschen Häuserfronten führt zum Zentrum mit dem Märchenschloß, um das die verschiedenen Bereiche – Frontierland mit Raddampfer und Kanufahrten, Fantasyland mit Mickey Mouse und Märchenwelt, Tomorrowland im Weltraumlook, Adventureland mit Urwaldfahrt und Piratenkeller – als Sektoren eines großen Kreises angelegt sind, den eine altmodische Eisenbahn umfährt.

Epcot Center. Das im Oktober 1982 eröffnete Epcot Center (Experimental Prototype Community of Tomorrow) widmet sich sehr optimistisch der Welt von Heute (World Showcase) und Morgen (Future World). Es werden charakteristische Produkte und Exponate aus vielen Ländern sowie zahlreiche Errungenschaften der Technik und Wissenschaft gezeigt.

Im Bereich von Disney World und in der weiteren Umgebung befinden sich zahlreiche Hotels und Motels; die Vorausreservierung ist dringend zu empfehlen.

Fährt man von Disney World auf der US192 nach Osten, so erreicht man

Kissimmee (22000 Einw.; 18 km), den Mittelpunkt der Kissimmee-Prärie. Hier blickt man meilenweit bis an den Horizont über völlig ebenes Land, und riesige Rinderherden grasen auf den grünen Weiden. Eine der größten Ranches von Florida, die Desert Ranch, in

Fortsetzung Seite 129

lbendstimmung am Hafen von Miami, der Stadt, die für viele Touristen zum Synonym für ganz 'orida geworden ist.

Nächste Doppelseite: 'n Fort Lauderdale, auf dem Reißbrett entworfen, manch-al mit dem schmei-helhaften Beinamen «Venedig Floridas» eschmückt, sind die Boote die Nummer ins. Auf unzähligen Kanälen und Wasserwegen ziehen sie ihre Wege oder hen in dem beacht-lichen Jachthafen, der für viele das Seebad zum Anziehungspunkt macht.

Rund 50 000 Palmen schmücken Straßen und Alleen und geben dem lebhaften Geschäfts- und Handelszentru Palm Beach seinen Namen.

Imposanter Villen-
ɔau in Palm Beach,
las zu den elegante-
sten Winterbädern
Floridas gehört – ein
Jmstand, den bereits
die berühmten
«Eisenbahn-Barone»
der Jahrhundert-
wende zu schätzen
wußten.

alm Beach galt und
ilt als «Domäne der
Reichen»; vornehme
Hotels und prunk-
volle Villen bestim-
nen das Straßenbild.
Touristen werden
– sofern sie sich
gesittet» benehmen –
ls neugierige Zaun-
gäste geduldet.

Die schönsten Sonnenuntergänge der Welt – welches südliche Land behauptet das nicht gern von sich? Tatsächlich kann Florida aber sehr romantische Abendstimmungen aufweisen, die die Palmenkulisse effektvoll illuminieren.

Naturereignis Everglades: kein gepflegt Park, sondern eine Ur-Landschaft im wahrsten Sinne des Wortes. Prärie, die sich langsam in dschungelähnliche Wildnis wandelt. Ein Paradies für Schildkröten, denen außerhalb des Nationalparks häufig der Weg in den Suppentopf droht.

Seit einigen Jahrzehnten offiziell geschützt, bewegen sich wieder rund ein halbe Million Alligatoren in Florida. Eine echte Gefahr für allzu wagemutige Wanderer, die sich in den Everglades von den markierten Pfaden entfernen.

Vogelparadies Everglades, ein Reservat seltener, zum Teil vom Aussterben bedrohter Vogelarten.

Auch er gehört zu den unverwechselbaren Symbolen, die Florida kennzeichnen: der Schlangenhalsvogel.

Folgende Doppelseite: Rar gewordene Exoten unter den Vogelschwärmen in den Everglades: Flamingos, die beispielsweise auf den Bahamas nahezu ausgerottet wurden.

Ein Stück Florida, das schon fast zur Legende geworden ist: Die Keys, die sic sichelförmig 170 Kilometer vom Festland ins Meer schwingen. Kühne Brückenkonstruktionen leiten den Verkehr.

Von mangrovenbestandenen, sumpfiger Inseln zur Beinahe-Filmkulisse; Key West, der südwestlichste Zipfel der oftmals schmeichelhaft mit Juwelen verglichenen Kette der Keys. Ein Meer von tropischen Pflanzen bietet stimmungsvollen Background für die freundlichen Holzhäuser am Wasser.

Künstlerkolonie Key West: Tennessee Williams, Manfred Hausmann und der berühmte «Floridaner» Ernest Hemingway lebten und arbeiteten hier.

Einst die Sommerresidenz des großen Poeten und Säufers, heute ein Museum: Ernest Hemingway House, täglich zu besichtigen und vollgestopft mit Sammlerstücken aus aller Herren Länder.

Der warme Golfstrom, der auch für die liebliche Kleingarten-Landschaft Englands sorgt, macht Wassersport in Florida zu einer der liebsten Freizeitbeschäftigungen.

Badeparadies Florida: Angenehm ere Strände – wenn man die überfüllten Seebäder tunlich zu vermeiden weiß – laden an West- und Ostküste zum Schwimmen und Tauchen ein.

Als Schluß-Impression hier eine spätnachmittägliche Strandstimmung an den Keys.

der Gegend als «Mormonen-Ranch» bekannt, umfaßt ein Gebiet mit mehr als 120 000 Hektar Fläche. – Das bekannte
Silver Spurs Rodeo findet jedes Jahr Ende Februar statt. Man kann ferner das
Monument of the States im Lake Front Park besuchen, das sich aus Steinen der Staaten der USA und 22 anderer Länder zusammensetzt. Das etwa 16 Meter hohe Monument hat die Form einer vierseitigen Stufenpyramide aus 21 Schichten. In der Nähe findet man einen kleinen Zoo, Picknickplätze und Bootsrampen.
Information: Convention and Visitors Bureau, 1925 E. Highway 192.

Übernachtungsmöglichkeiten sind ausreichend vorhanden, zumal Kissimmee auch als Standort für Ausflüge geeignet ist.

Owen Godwin's Gatorland Zoo, 3 3/4 Meilen (etwa 6 km) nördlich auf der US 441. Man kann hier Tausende von Alligatoren und Krokodilen sehen. Gatorland unterhält vor allem Besucher mit Kindern mit einer Miniatureisenbahn, einem Zoo und Ponyreiten.

Nordwestlich von Gatorland liegt Sea World, das man über die US 441 und die SR 528 erreicht. Eine andere Möglichkeit bietet sich, wenn man direkt von Walt Disney World nach Orlando und von der I-4 über die SR 528 fährt.

Sea World of Florida ist mit einer Fläche von 125 Hektar wohl einer der größten und schönsten Wasserparks der Welt. Während der Hauptvorführungen unterhalten Killerwale, Delphine, Seehunde und Pinguine die Besucher. Aquarien, Restaurants, Geschenkläden, Kinderspiel- und Picknickplätze gehören zur weiteren Einrichtung. Aus einer riesigen Kunststoffröhre kann man die Haie eines Aquariums hautnah von unten beobachten. Musikfreunde genießen ein elektronisch gesteuertes Unterwassermusical vor einem Korallenriff. Für Kinder hält Cap'n Kids' World Abenteuer bereit.

Nordwestlich von Disney World liegt an der Interstate 4
Orlando (146 000 Einw.; 621 km), ein bedeutender Wintererholungsort, der aber genauso als ganzjährige Ferienresidenz beliebt ist. Die Stadt verfügt über gute touristische Einrichtungen, darunter Klubhäuser, Tennisplätze, Krocket- und Hufeisenklubs. Sämtliche Unterhaltungsmöglichkeiten findet man im Sunshine Park. Obwohl Orlando in der Nähe der Küste liegt, bieten auch die 54 Seen dieser Gegend sehr gute Gelegenheiten zum Angeln, Schwimmen oder zu Bootsfahrten. Vor allem aber ist die Stadt ein günstiger Ausgangspunkt für die Attraktionen Zentralfloridas, von Disney World bis zu den Raketen des Kennedy Space Center.

Im Loch Haven Park steht das Orlando Museum of Art, das amerikanische Kunst des 20. Jahrhunderts und Kunstsammlungen aus der Zeit vor Kolumbus zeigt, sowie das Orlando Science Center, ein technisches Museum mit einem Planetarium.

Der Lake Eola Park an der E. Central Avenue ist eine schöne Anlage mit zahlreichen Bäumen und Pflanzen. Stattliche Eichen und Palmen beschatten angenehme Ruheplätze. Am Abend wird die Orlando Fountain farbenprächtig erleuchtet.
Information: Chamber of Commerce, 75 E. Ivanhoe Boulevard.

Es sind sehr gute Unterbringungsmöglichkeiten vorhanden, da die Nähe von Disney World und das neue Epcot Center die Bautätigkeit auf dem Hotelsektor anregt.

Ausflüge von Orlando
1. *Walt Disney World*
2. *John F. Kennedy Space Center* (siehe Route 3, Seite 130 ff.).
3. *De Land* (39 km). Von Orlando aus kann man das Städtchen **Sanford** (23 000 Einw.) besuchen, das ein gutes privates College aufweist. Wie die Stetson University wird das College von Anhängern des Baptismus unterhalten. Das Collegegelände ist wegen seiner schönen Anlagen bekannt.

Von hier fährt man nordwärts, überquert den Saint Johns River und gelangt nach
De Land (15 000 Einw.). Die Stadt entstand 1876 in einem Gebiet, dessen flache Landschaft von vielen Seen durchbrochen wird. Ihre Bedeutung erhält die Provinzstadt vor allem durch das private College. Die Stetson University wurde 1886 von der baptistischen Kirche gegründet, die sie auch heute noch verwaltet und finanziert. Bemerkenswert ist der Campus der Hochschule sowie seine beiden Museen, die Sampson Gallery of Art und das Gillespie Museum of Minerals.

Das L. L. Rice Planetarium in der Flagler Science Hall kann von November bis März besucht werden.

Von De Land aus kann man über Palatka (siehe Seite 132) zu der am Atlantik liegenden Stadt Saint Augustine (siehe Seite 132 f.) fahren.

Gainesville (81 000 Einw.; 187 km von Orlando auf der US 441; siehe Karte Seite 130). Die Stadt, die erst 1853 ihren jetzigen Namen erhielt, ist Sitz der Universität von Florida (Florida State University siehe Tallahassee). – Das
Florida State Museum, Museum Road und Newell Drive, enthält Sammlungen indianischer Kunstgegenstände, Tiere und Fundstücke aus der Frühgeschichte Floridas. – Die
University Art Gallery bietet zahlreiche Ausstellungen von Kunst der alten und modernen Schulen und Sammlungen primitiver und orientalischer Kulturen.

Eine Natursehenswürdigkeit stellt der
Orange Lake, 20 Meilen (rund 32 km) südlich der Stadt, mit seinen schwimmenden Inseln dar. Die Erdmassen werden durch das sich im warmen Wasser ausdehnende Marsch-Gas emporgehoben, um bei kälterem Wetter wieder abzusinken. Die Pflanzen, die in diesem Klima sehr schnell wachsen, wirken oft wie ein Segel für die treibenden Inseln.

Von Gainesville kann man auf der I-75/I-10 nach Tallahassee (siehe Seite 134) fahren.

Route 3: Miami – Fort Lauderdale – John F. Kennedy Space Center – Jacksonville (665 km)

Die Route kann man auf den Plänen Seite 130 und 105 verfolgen.

Auf der Fahrt von Miami über Fort Lauderdale kommt man zuerst zu dem etwas landeinwärts liegenden
West Palm Beach (67 000 Einw.; 121 km), einem wichtigen Geschäfts- und Handelszentrum. 50 000 Palmen schmücken die acht großen Prachtstraßen der Stadt. Trotz der zunehmenden Industrialisierung kann West Palm Beach auch weiterhin als unterhaltsamer Ferienort gelten. Windhundrennen werden von November bis Mai täglich außer sonntags und mittwochs, um 20 Uhr im Palm Beach Kennel Club, Belvedere- und Congress Avenue, veranstaltet. Jai Alai-Spiele kann man jede Nacht (außer sonntags) von November bis Anfang April besuchen (45th Street, etwa 1 Meile (1,6 km) westlich der US 1). – Der
Dreher Park und Zoo ist am Ende der West Lakewood Road gelegen und zeigt eine kleine Tiersammlung, die vor allem Kinder erfreut. Im Park kann man auch das Science Museum Planetarium and Aquarium besuchen. (Geöffnet Mo–Sa 10–17, So 12–17 Uhr.) – Die
Norton Gallery and School of Art erreicht man eine Meile (1,6 km) südlich, 1451 South Olive Avenue. Sie enthält Gemälde und Skulpturen moderner amerikanischer und französischer Meister, eine China- und Jadesammlung.

An der Küste, fünf Kilometer östlich von West Palm Beach, liegt **Palm Beach** (9700 Einw.). Henry Flagler, der sehr oft in Verbindung mit den Seebädern genannt wird, erkannte bereits 1890 die Möglichkeiten, die sich aus der Lage und Umgebung des heutigen Ortes ergaben. Er ließ nach seinen Angaben einen Stadtplan entwerfen und leitete die Entwicklung der Insel ein. Bald wurde Palm Beach eines der elegantesten Winter-Seebäder. Wie es Flagler vorgesehen hatte, büßte die Stadt nichts von ihrem stillen Charme und ihrer tropischen Schönheit ein. An den östlichen Ufern des Lake Worth reservierte man den Lake Trail, eine von Palmen beschattete Allee für Fußgänger und sogenannte Afromobiles, Fahrradstühle, die hier an der Küste sehr beliebt sind.

Bethesda by the Sea ist eine schöne Kirche im gotischen Stil (16. Jh.) mit Turm und Kloster, die man an der South Country Road und der Barton Avenue findet. Unmittelbar daneben erstrecken sich die gepflegten Cluett Memorial Gardens (Cluett-Friedhof). – Das

Henry Morrison Flagler Museum liegt am Whitehall Way, unweit der Cocoanut Row. Im Jahr 1902 wurde das Haus als Wohnsitz für Henry Flagler mit einem Gesamtkostenaufwand von vier Millionen Dollar vollendet. Bemerkenswert sind vor allem die Marmorhalle, der Ballsaal und der französische Salon. Auf dem Gartengelände findet man Flaglers renovierte Privateisenbahn.

Ausflug zum Lake Okeechobee

Loxahatchee National Wildlife Refuge (an der US 98 gelegen) ist ein wichtiges Brutgebiet für Zugvögel und seltene Vogelarten. Am Nordrand des Reservates liegt in einer savannenähnlichen Landschaft das Gelände der Lion Country Safari. Hier leben importierte Löwen, Elefanten, Giraffen, Zebras, Strauße, Affen, Antilopen und Rhinozerosse. Eine acht Kilometer lange, asphaltierte Straße führt durch das Gelände, von der aus man die umherstreifenden Tiere beobachten darf. Aus Sicherheitsgründen werden alle Gäste gebeten, bei geschlossenen Fenstern im Wagen zu bleiben. Bei Autopannen empfiehlt es sich, gleichfalls im Wagen zu verbleiben und durch Hupsignale den Streifenwagen herbeizurufen. (Die Tiere im Park sind zwar gut gefüttert, jedoch bleiben sie wild und unberechenbar.) Weitere Unterhaltungsmöglichkeiten vor dem Park.

Lake Okeechobee. Der See ist eines der größten Gewässer der USA. Die Everglades sind eine Fortsetzung seines Entwässerungssystems nach Süden. Er mißt an der tiefsten Stelle nur siebeneinhalb Meter und flacht zu den Ufern stark ab. Vögel können eine Meile vom Ufer entfernt durch das noch seichte Wasser waten. Durch den See verläuft der South Florida Cross State Canal als Wasserweg quer durch Florida. Das Verbindungsglied zum Atlantik ist der Lucie Canal, während der Caloosahatchee River den Anschluß zum Golf von Mexiko herstellt.

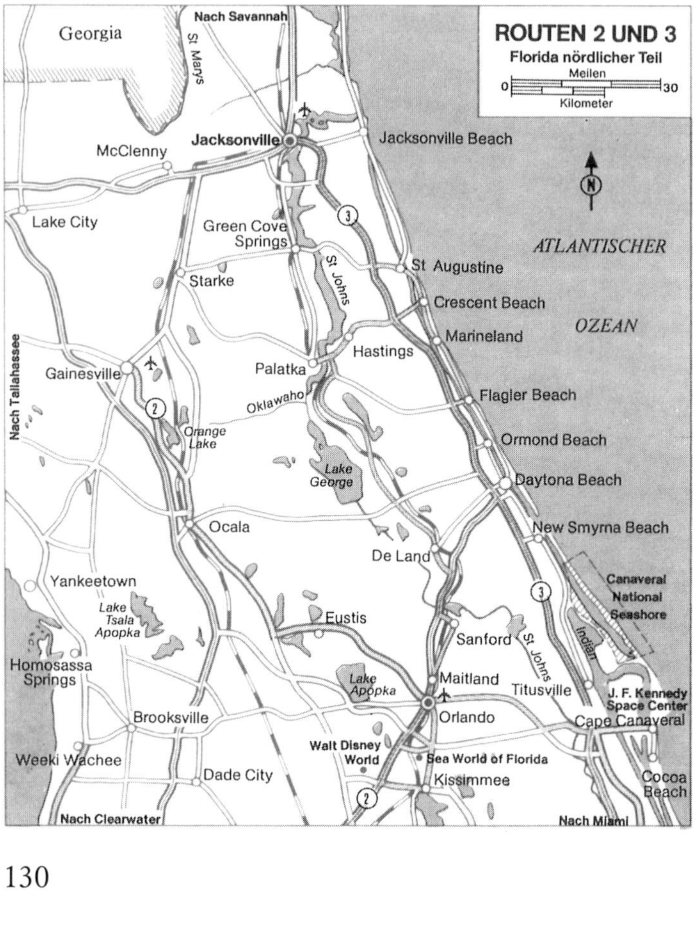

Okeechobee (5100 Einw., 158 km) ist nur eine der vielen Ortschaften, die am See gegründet wurden; andere Städte sind beispielsweise Port Mayaca, Canal Point, Belle Glade, Clewiston. Sämtliche Orte können bequem auf einer um den See führenden Straße erreicht werden. An das Westufer des Sees grenzt ein Seminolenreservat. Weitere den Indianern vorbehaltene Gebiete befinden sich am Südende des Sees. Die Seminolen lebten in stadtähnlichen Dörfern in Florida und im südlichen Georgia. Sie betrieben planmäßig Ackerbau und besaßen eine hochstehende Kultur und Zivilisation. In der ersten Hälfte des 19. Jahrhunderts wurden sie in erbarmungslose Kämpfe mit Sklavenjägern (entlaufene Negersklaven fanden bei ihnen Unterschlupf) und später der US-Armee verwickelt. Sie flohen in die lebensfeindlichen Mangrovensümpfe, wo sie sich verzweifelt zur Wehr setzten. Schließlich wurden sie zur Aussiedlung nach Oklahoma gezwungen (*seminole* bedeutet weggelaufen oder vertrieben, siehe dazu auch Seite 92).

Stuart (95 000 Einw.; 189 km) liegt an der US 1 in Küstennähe. Man findet hier ausgezeichnete Gelegenheiten zum Angeln auf dem Indian River oder, falls man das Hochseefischen vorzieht, auch vor der Küste. Die Stadt gilt als eines der führenden Chrysanthemenzentren des Landes. Östlich von Stuart legen an den weiten, geschützten Meeresstränden die Riesenschildkröten ihre Eier. – Das

Elliot Museum auf der Hutchinson-Insel, fünfeinhalb Meilen (rund 8,5 km) östlich der US 1 auf der A1A, enthält eine Reihe historischer Sammlungen, die der Geschichte der Radfahrzeuge, dem Leben im 19. Jahrhundert und der Entwicklung Floridas gewidmet sind. – Das

House of Refuge, 7¼ Meilen (11,5 km) östlich der US 1 auf Hutchinson Island, ist die letzte der Lebensrettungsstationen, die 1875 für schiffbrüchige Seeleute gebaut wurde. Es beherbergt nun ein Marinelaboratorium, ein Marine- und Nautikmuseum und eine Brutanstalt für Schildkröten und Hummer.

Fort Pierce (36 000 Einw.; 221 km). Das Sandy Shoes Festival, das jährlich im Januar stattfindet, macht mit einem sonst weniger bekannten Florida bekannt. Zu diesem Festival kann man auch ein «Pack House» (Schlachthaus), eine Rodeoshow, eine Parade und verschiedene Sportwettbewerbe besuchen.

Der Indian River Drive erlaubt eine besonders reizvolle Fahrt in Richtung Jensen Beach, die an den hier wachsenden Bäumen und Blumen und an farbenprächtigen Vögeln vorbeiführt.

Vero Beach (16 200 Einw.; 244 km). Es gehört zu den Städten der sogenannten Goldküste. Diesen Beinamen erhielt die Ostküste Floridas wegen ihrer prachtvollen Ufer. Das ganzjährig milde Klima und die goldenen Strände ziehen jährlich eine große Anzahl von Touristen an. Vero Beach wurde 1882 gegründet. Heute ist es eines der beliebtesten Urlaubsstädtchen an der Ostküste.

Zum *John F. Kennedy Space Center.* Vom Festland aus erreicht man das weltberühmte Raketengelände der NASA von der parallel zur I-95 verlaufenden US 1 durch das Security Gate (Sicherheitstor) 3. Nach wenigen Kilometern auf dem NASA Parkway ist man beim Spaceport USA, dem Besucherzentrum.

John F. Kennedy Space Center. Das Center sowie die angrenzende Cape Canaveral Air Force Station (Gesamtfläche 57 000 Hektar) sind die Schauplätze der Pionierleistungen der amerikanischen Raumfahrt. Hier wurde Alan B. Shepard jr. 1961 in einer Mer-

berzeugende Kulisse ür die Schönen und Reichen, Drehscheibe für Geschäft und Kommerz: Palm Beach, das mondänste Seebad Floridas.

Superlativ der Superlative: das älteste Haus der ältesten Stadt Ame-ikas. Wohnhaus in Saint Augustine: es kann auf eine dreihundert Jahre alte Geschichte zurückblicken und ist heute zum Museum umgebaut.

Seit 1947 dient Cap Canaveral als Versuchsgelände für Raketenflüge. Heute ist der Weltraumhafen auch ein gigantisches Freilichtmuseum, das mit preiswerten Bustouren unter kundiger Führung entdeckt werden kann.

curykapsel, «Freedom 7», als erster Amerikaner in das Weltall geschickt. Nur ein Jahr später umkreiste John H. Glenn jr. die Erde. Den Menschheitstraum, den Mond zu besuchen, verwirklichten 1969 Neil A. Armstrong und Edwin E. Aldrin. 1981 begann mit dem Space Shuttle ein neuer Abschnitt in der Weltraumfahrt; die Raumfähren landeten wie Flugzeuge wieder an ihrem Ausgangspunkt. Neben vielen Erfolgen mußte Cap Canaveral aber auch die größte Katastrophe der Raumfahrt erleben, die Explosion der Raumfähre «Challenger» kurz nach dem Start (1986). Im Spaceport USA erhält man einen Einblick in die Arbeit der NASA. Im Galaxy und im IMAX Theater sind informative Filme zu sehen. Vom Besucherzentrum aus stehen zwei verschiedene Bustouren (je zwei Stunden) zur Auswahl: Die Fahrt durch die Cape Canaveral Air Force Station führt zu den Abschußbasen der unbemannten Raumfahrt und zum Air Force Museum; die andere Tour durch das Kennedy Space Center macht mit den Startrampen der Apollo-Raumfahrt und der Space-Shuttle-Flüge sowie mit dem Trainingszentrum der Astronauten und dem Montagegebäude bekannt.

Auf der Fahrt entlang der Küste erreicht man
Daytona Beach (54 000 Einw.; 474 km). An der Küstenseite der Stadt erstreckt sich der berühmte Ormond Daytona Beach, ein rund 37 Kilometer langer Strand vom südlichen Eingang des Ormond Beach bis zum Ponce-de-Leon-Leuchtturm. Auf dem festgeschichteten Sand stellte Sir Malcolm Campell verschiedene Geschwindigkeitsrekorde auf. Heute finden die berühmten Auto- und Motorradrennen auf dem Daytona International Speedway statt. Im Frühjahr ist Daytona Tummelplatz vieler Studenten, die nicht nur von der Sonne, sondern auch von dem bunten Treiben auf den Boulevards und am Strand angezogen werden. Die lange Promenade und der unmittelbar anschließende Angelpier bilden den Mittelpunkt. Am nördlichen Ende steht die sogenannte Bandshell, eine Bühne aus dem einheimischen Muschelstein. Hier finden Konzerte und andere festliche Ereignisse statt.

Abstecher. Zwischen Daytona Beach und Saint Augustine liegt östlich der I-95 die Straße A1A und an der Küste nördlich von Flagler Beach der Ort
Marineland. Viele Feriengäste kommen alljährlich hierher, um an den ungewöhnlichen artistischen Darbietungen von Meeressäugetieren teilzunehmen. In täglich sechs Programmen zeigen die verspielten Tümmler und gigantischen Wale ihre Kunststücke.

Von Marineland kann man über Crescent Beach und Hastings ins Landesinnere gelangen (oder nach Saint Augustine, Seite 132 f.).
Palatka (10 200 Einw.). Empfehlenswert für Naturliebhaber ist hier der Ravine Gardens State Park, dessen 34 Hektar Fläche von tiefen Schluchten durchzogen werden. Zahlreiche Wanderwege führen durch das weite Gebiet. Die zwei Flüsse im Park werden von vielen unterirdischen Bächen gespeist. Jeweils am ersten Wochenende im März wird hier ein Azaleenfest abgehalten.

Von Daytona Beach kann man direkt auf der I-95 oder der US 1 nach Norden fahren, ohne den Umweg über Marineland und Palatka.

Saint Augustine (12 000 Einw.; 576 km). Daß es die älteste Kolonialstadt der Vereinigten Staaten und spanischer Herkunft ist, kann man noch am heutigen Stadtbild erkennen. Von den Anfängen ist der Marktplatz (*Plaza*) erhalten. Das nördliche Viertel, das sich der Plaza anschließt, wurde vorlagengetreu restauriert. Andere Teile der Altstadt sollen innerhalb der nächsten zwanzig Jahre wiederhergestellt werden. Das Bild der vom Marktplatz aus abzweigenden Gassen erinnert an die Vergangenheit. Verzierte spanische Häuser mit vorstehenden Balkonen und vergitterten Fenstern, umgeben

ypisch für das Stra-
ßenbild Saint Augu-
tines sind die pferde-
bespannten bunten
Karren, die zur
Sightseeing-Tour im
alten Stil einladen.

von hohen Mauern, die den lieblichen Garten dahinter nur ahnen lassen, säumen beide Seiten der engen Straßen. Die Sage berichtet, daß Juan Ponce de León auf der Suche nach dem Brunnen der ewigen Jugend 1513 hier landete und das Land für die spanische Krone in Besitz nahm. Aber erst zweiundfünfzig Jahre später gründete Pedro Menéndez de Avilés die erste Siedlung und zerstörte eine nahe französische Kolonie. In den Jahren 1586 und 1668 zerstörten englische Piraten die Stadt, die von den Bewohnern wieder an demselben Ort aufgebaut wurde. Danach blieb Saint Augustine jahrzehntelang ein Streitobjekt der Kolonialmächte, bis die USA Florida 1819 erwarben. Zu Beginn des Seminolenkrieges 1835 drängte man ihr wieder die Rolle eines Militärstützpunkts auf.

Castillo de San Marcos. Die eindrucksvolle Festung in der Matanzas-Bucht gehörte zum spanischen Verteidigungssystem. Sie wurde von 1672 bis 1695 durch spanische und italienische Bauleute errichtet. Ihre meterdicken Wände bestehen aus einem Muschelstein, der vor allem in Florida zu finden ist. Von 1683 bis 1743 war das Fort oft Überfällen von Piraten, Indianern und Engländern ausgesetzt. Seine Mauern hielten den Angriffen und Belagerungen in den Jahren 1702 und 1740 stand. 1763 nahmen die Engländer Florida in Besitz, und damit auch San Marcos. Nach der amerikanischen Revolution kam die Festung durch Verträge wieder zu Spanien. Während des zweiten Seminolenkriegs diente das Fort als Militärgefängnis. Unter den Gefangenen waren Osceola und Coacoochee, zwei berühmte Indianerführer. Coacoochee zwängte sich durch die Gitter seines Zellenfensters und entfloh.

Heute kann man noch Unterkünfte, das Wachhaus, die Kapelle, Munitionslager und das Gefängnis besichtigen. Eine steile Treppe führt zum Dach, von dem man einen herrlichen Blick auf die weite Bucht und den Stadtkern hat.

Eine Stadtrundfahrt mit den
Sightseeing Trains, 3 Cardova Street, ist sehr empfehlenswert. Die Wagen halten an allen Punkten von historischer Bedeutung. – Die *Cathedral of Saint Augustine* auf der nördlichen Seite gegenüber der Plaza ist eine der ältesten Kirchen der USA. Sie entstand im Jahr 1790 und wurde, nachdem sie ein Feuer zerstört hatte, 1887 wieder aufgebaut und erst vor kurzem vergrößert.

Plaza de la Constitución. Zwischen der Kathedrale und der King Street sowie Charlotte- und Saint George Street findet man das Zentrum des Plazaquadrats, auf dem entsprechend spanischer Sitte das Geschäftsviertel der alten Stadt entstand. Vom einen Ende des breiten Platzes schaut man über die Matanzas Bay hinweg auf die Bridge of Lions (Brücke der Löwen). Das Denkmal inmitten des Vierecks wurde 1813 von den Spaniern zur Erinnerung an die liberale Verfassung, die ihnen ihr König damals gewährte, errichtet. – Der
Public Market Place liegt östlich des alten Platzes, auf dem 1598 zum erstenmal ein Handelszentrum entstand. Es wurde 1824 an dieser Stelle wieder aufgebaut. Der heutige Markt ist eine Nachbildung des alten Marktes.

Badeplätze. Saint Augustine verfügt über prächtige Badestrände, auf die besonders hinzuweisen ist. Über gebührenfreie Brücken erreicht man vom Stadtzentrum aus links die Vilano Beach und rechts die Saint Augustine Beach.

Jacksonville (610 000 Einw.; 665 km). Das Handels- und Finanzzentrum Nordfloridas hat einen etwa dreizehn Kilometer langen Hafen mit 71 Landungsstegen, besitzt die größte Marine-Schiffswerft, den größten Engrosholzmarkt und den zweitgrößten Kaffeeimporthandel an der südlichen Atlantikküste der USA. Jacksonville bietet aber auch viele Unterhaltungsmöglichkeiten.

So wird zum Beispiel alljährlich im Januar eine Kamelien- und im März eine Rosenausstellung gezeigt. Hunderennen finden von Oktober bis Juni statt. Jacksonville ist eine der wenigen Städte mit

Lightner Museum in Saint Augustine, ebenfalls wie eine stattliche Anzahl anderer Gebäude vom Eisenbahnbaron Flagler erbaut.

einem eigenen Sinfonie-Orchester. Im Saint Johns River Park, der an der Südseite des Flusses liegt, kann man die bemerkenswerte Friendship Fountain (Freundschafts-Fontäne) besuchen. Allwöchentlich gibt es sportliche Veranstaltungen im Kolosseum. – Die *Cummer Gallery of Art* erreicht man 829 Riverside Avenue. – Das *Museum of Science and History*, 1025 Gulf Life Drive, zeigt Ausstellungen über Natur, Geographie und Geschichte Floridas sowie über indianische Kulturen.
Fort Caroline National Memorial, eine ehemalige Festung der Franzosen, die 1565 von spanischen Truppen besetzt wurde, erreicht man zehn Meilen (rund 16 km) östlich der US 10. Unweit des Forts steht das Ribault Monument. Zum Denkmal gehört auch ein Besuchergebäude, in dem Ausstellungen gezeigt werden.
Jacksonville Zoological Park, 8605 Zoo Road, nahe Heckscher Drive, am Trout River. Hier leben tausend exotische Tiere aus vielen Ländern der Erde. Daneben gibt es Picknicktische und eine Kindereisenbahn.

Route 4: Tallahassee und die Golfküste bis Pensacola (380 km)

Man kommt von Jacksonville (I-10), von Gainesville (I-75) oder von Weeki Wachee (US 19) schnell in den Nordwesten Floridas.

Tallahassee (119 000 Einw.) ist die Hauptstadt Floridas. Ihr Name ist von einem Wort der Creekindianer abgeleitet und bedeutet «alte Stadt». Heute weiß man mit Gewißheit, daß sich hier De Soto schon 1539 mit verschiedenen Häuptlingen traf, die das Gebiet kontrollierten. 1824 wurde Tallahassee zur Hauptstadt Floridas erklärt. Im Sezessionskrieg 1861 bis 1865 stand Florida auf der Seite der Südstaaten. Nach deren Kapitulation besetzten Truppen der Nordstaaten die Hauptstadt. Tallahassee hat noch immer die Reize einer hübschen alten Südstaatenstadt mit vielen schönen Gärten. Sowohl die Florida Agricultural and Mechanical University als auch die Florida State University sind hier beheimatet. Mehrere größere Seen, Lake Jackson im Norden und Lake Talquin im Westen, liegen nahe bei der Stadt.
Florida State Capitol, Monroe Street/Apalachee Parkway, ist der Sitz der gesetzgebenden Gewalt Floridas. Umrahmt von dem neuen Gebäude steht das Historic Old Capitol-State Building, das nach 1845 mehrmals ergänzt wurde (heutiges Aussehen von 1902). Es ist im Stil des 19. Jahrhunderts eingerichtet und enthält ein Museum zur Geschichte Floridas. In der Nähe liegt der Supreme Court (Oberster Gerichtshof), eines der drei Gebäude des Capitol Centers.
Maclay State Gardens. Diese gutgepflegten Gärten eines früheren privaten Besitzes erreicht man fünf Meilen (rund 8 km) nordöstlich auf der US 319. Zur Blütezeit der Kamelien und Azaleen von Januar bis April bietet sich hier ein besonders farbenprächtiges Bild. – Das *Tallahassee Junior Museum*, sechseinhalb Meilen (rund 10,5 km) nordwestlich am Lake Bradford, wurde speziell für Kinder erbaut. In seiner Architektur ist es diesem Zweck angepaßt und soll mit seinen «schwebenden Dächern» einfach und lustig wirken. In anschaulicher Form führt es in die Geschichte Floridas und in seine Naturgeschichte ein. Einen besonders tiefen Eindruck vom Leben in dieser Gegend im 19. Jahrhundert erhält man in einer Farm von 1880, die aus zahlreichen Originalgebäuden besteht.
Wakulla Springs, südlich der Hauptstadt über die SR 363 und die SR 267 zu erreichen, erhebt den Anspruch, die tiefste Quelle der Welt zu besitzen. Die Quelle liegt inmitten eines herrlichen Zypressenwaldes, fördert bis zu zweieinhalb Millionen Liter pro Minute und besitzt eine maximale Tiefe von etwa sechzig Metern. Boote mit Glasboden erlauben den Blick auf die verschiedenen Formen der Pflanzen- und Tierwelt.

Von Tallahassee fährt man südwärts und trifft auf die US 98. Die Straße führt nun bis Pensacola an weiten, einsamen Stränden vorbei, wo derjenige Feriengast, der die Betriebsamkeit der Touristenzentren meiden möchte, verweilen kann. Einer der Orte ist zum Beispiel
Carrabelle (1000 Einw.; 87 km), das gegenüber von Dog Island liegt.
Apalachicola (2600 Einw.; 122 km) liegt an der Mündung des Apalachicola-Flusses, der vor allem durch die gleichnamigen Austern bekannt ist. Der melodische Name stammt aus der Sprache der Indianer und bedeutet soviel wie «die Leute auf der anderen Seite». Das Gorrie State Museum am Gorrie Square ist der Geschichte dieses Gebiets und Dr. John Gorrie gewidmet, der 1845 die erste Eismaschine erfand.

Abstecher zum Apalachicola National Forest und nach Marianna. Von Port Saint Joe fährt man auf der SR 71 nach Norden durch die Dead Lake State Recreation Area. Bei Blountstown trifft man auf die SR 20, die in östlicher Richtung über Bristol (Informationsmöglichkeiten) zum
Apalachicola National Forest führt. Er reicht von Tallahassee bis an den Apalachicola River und umschließt 2,2 Millionen Hektar Fläche. Über Jagdmöglichkeiten, Picknickplätze, Wildfütterungen usw. informiert das Hauptquartier der District Forest Ranger (Bristol).

Von Blounstown fährt man in nördlicher Richtung auf der SR 71 weiter.

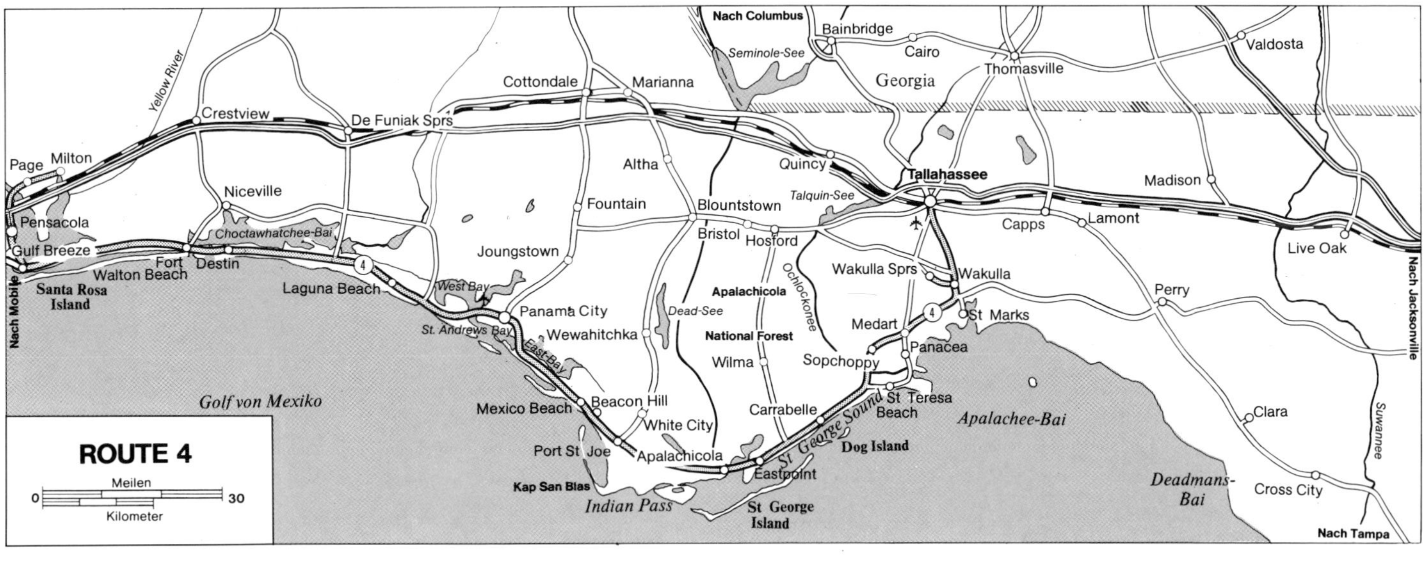

Eingangstor der Universität von Tallahassee, das 1824 zur Hauptstadt Floridas erhoben wurde.

Marianna (7100 Einw.; 125 km von Port St. Joe) liegt etwa gleich weit von Tallahassee und Panama City entfernt nahe der Staatsgrenze zu Alabama. Sehenswert ist hier vor allem der Florida Caverns State Park, drei Meilen (rund 5 km) nördlich auf der SR 167. Im Park kann man Ausstellungen besichtigen, die die Kultur der Indianer in dieser Gegend verstehen helfen. Die Kalksteinhöhlen enthalten zahlreiche Stalaktiten und Stalagmiten, deren bizarre Formen man auf einem 1,2 Kilometer langen Rundgang besichtigen kann.

Von Marianna kann man auf der SR 73 bis zur US 231 fahren, die nach Süden führt. Über Fountain und Youngstown gelangt man nach Panama City.

Von Port Saint Joe kommt man auf der US 98 (ohne Abstecher) nach

Panama City (33 000 Einw.; 221 km), einen der führenden Häfen Floridas in der Saint Andrews Bay. Diese Bucht wurde bereits von spanischen Expeditionen zwischen 1516 und 1540 angelaufen. Die früheste englische Siedlung datiert jedoch aus dem Jahr 1765 und ist heute ein Teil der Stadt. Dieses einst verträumte Fischerdorf entwickelte sich zu einer der fortschrittlichsten Städte Floridas. Für den Touristen sind die langen, schneeweißen Strände bei Panama City Beach verlockend. Einige der schönsten liegen im St. Andreas State Park. Fischerboote können halb- oder ganztägig in der Saint Andreas Bay gemietet werden.

Während der rund hundert Meilen (160 km) von Panama City nach Pensacola wird der weiße Sandstrand nur selten unterbrochen, und man findet ausgezeichnete Bedingungen zum Schwimmen, Fischen und Bootfahren.

Destin (4700 Einw.; 310 km), schon näher an Pensacola gelegen, ist ein sehr gutes Revier für Hochseefischer. Es können hier Boote gemietet werden.

Dann erreicht man am Eingang der Choctawhatchee Bay

Fort Walton Beach (21 000 Einw.; 322 km), das während der Seminolenkriege errichtet wurde. Das Volk der Seminolen setzt sich aus Angehörigen verschiedener Stämme zusammen, dem sich auch entlaufene Negersklaven anschlossen. Interessant ist hier vor allem das indianische

Temple Mound Museum an der US 98, das die zehntausend Jahre der Besiedlung der Nordwestküste Floridas durch die Indianer illustriert. Die «Mound-Kultur», benannt nach 15 bis 35 Meter hohen Erdhügeln, erstreckt sich vom Golf von Mexiko nach Norden bis in die Nähe der Großen Seen. Die Mounds waren vermutlich Tempelhügel, kleinere auch Wohnstätten in Erdhügeln, vereinzelt auch Grabstätten; jedenfalls wurden sie zumeist künstlich aufgehäuft.

Von Fort Walton Beach fährt man weiter an der Küste entlang nach

Pensacola (62 000 Einw.; 380 km). Die Stadt hat eine wechselvolle Geschichte. Das 1698 während der ersten dauerhaften Besiedlung erbaute Fort San Carlos wurde in den folgenden Jahren wiederholt zerstört und wiederaufgebaut. Seitdem wehten wechselweise die Fahnen von Spanien, Frankreich, England, der Konföderierten und zuletzt die der Vereinigten Staaten über der Stadt. Pensacola heißt deshalb auch die «Stadt der fünf Flaggen». 1821 gelang es hier Andrew Jackson, Florida von Spanien abzukaufen. Er wurde der erste Gouverneur des Staates.

Pensacola Historical Museum, 405 S. Adams Street und Zaragoza Street. Es befindet sich in der 1832 erbauten Old Christ Church. Darstellungen und Fundstücke der Geschichte Pensacolas werden hier gezeigt. – Der

Sevilla Square ist das historische Zentrum der Stadt, in dem heute zahlreiche restaurierte Gebäude des 19. Jahrhunderts zu sehen sind. Im Historic Pensacola Village (205 E. Zaragoza Street) sind mehrere dieser Häuser vereint.

In Key West, der Stadt am westlichen Ende der durch 42 Brücken verbundenen, 170 Kilometer langen Inselkette, scheint immer exotisch-tropische Urlaubsstimmung zu herrschen. Als Winterkurort und Residenz für Präsidenten, Künstler, Schriftsteller berühmt geworden, bietet die faszinierende Stadt alles, was reizvoll, exzentrisch oder einträglich ist: Vom Airboat bis zum Helikopter ist alles zu haben.

80

Register

Kursive Ziffern verweisen auf Bildlegenden

Text- und Bildnachweis

Textnachweis

De Las Casas, Bartolomé. In: Kurzgefaßter Bericht von der Zerstörung der westindischen Länder. Herausgegeben von Hans Magnus Enzensberger. Insel Verlag, Frankfurt am Main 1966
Crane, Hart: The complete poems. Aus dem Amerikanischen übertragen von Inge Andreas-Hoole. New York 1933
Foster, Stephen Collins: Way upon the Swanee River. Aus dem Englischen übertragen von Elisabeth Laurenz. Franz Schneider Verlag, München und Wien 1978
Hemingway, Ernest: Inseln im Strom. Aus dem Amerikanischen übertragen von Ernst Schnabel und Elisabeth Plessen. Rowohlt Verlag, Reinbek bei Hamburg 1971
Hemingway, Ernest: 49 Stories. Aus dem Amerikanischen übertragen von Annemarie Morschitz-Horst. Rowohlt Verlag, Reinbek bei Hamburg 1950
Höst, Per: Was die Welt mit zeigte. Vom Eismeer zum Dschungel. Deutsch von Werner Krebs. Berlin 1952
Lardner, Ring: Geschichten aus dem Jazz-Zeitalter. Deutsch von Fritz Güttinger. Diogenes Verlag, Zürich 1974
Meissner, Hans-Otto: Der Kaiser schenkt mir Florida. Die Abenteuer des Hernando de Soto. Ernst Klett Verlag, Stuttgart 1983
Rawlings, Marjorie Kinnan: Cross Creek. Meine Pflanzererlebnisse in Florida. Ins Deutsche übertragen von Anita Wiegand. Rascher Verlag, Zürich 1966
Stevens, Wallace: Der Planet auf dem Tisch. Gedichte und Adagia. Übertragen und herausgegeben von Kurt Heinrich Hansen. Klett-Cotta Verlag, Stuttgart 1983
De la Vega, Les Inca Garcilasso: Geschichte der Eroberung Floridas. Zelle, Frankfurt und Leipzig 1753
Verne, Jules: Reise um den Mond. Diogenes Verlag, Zürich 1976
Williams, Tennessee: Memoiren: Ins Deutsche übertragen von Kai Molving. Fischer Verlag, Frankfurt am Main 1979
Von Zahn, Peter: Fremde Freunde. Bericht aus der Neuen Welt. Hamburg 1953
Vicente Manuel de Zépedes: In: East Florida. A File of Documents assembled. Herausgegeben von Joseph Byrne Lockey. Aus dem Englischen übertragen von Inge Andreas-Holle. Berkeley und Los Angeles 1949

Bildnachweis

Bavaria-Verlag / Bildagentur, Gauting: S. 138/139.
Udo Bernhart, Castelbell / Südtirol: Frontispiz, 2/3, 4/5, 6/7, 8.
Bildarchiv Bucher, München: S. 11, 13, 43, 45, 47, 49, 51, 54, 55, 92, 93, 137.
dpa, München: S. 59 l., 100.
Polyglott-Verlag, München: Pläne im Kapitel Reiseführer Florida.
Süddeutscher Verlag / Bilderdienst, München: S. 16, 23, 56, 57, 59 r., 60, 63, 66, 67, 71, 97, 102 o., 104, 106, 107, 133, 136.
Alle übrigen Schwarzweißabbildungen stammen von Jürgen Betz.
Alle Photos von Jürgen Betz wurden auf Kodak-Filmmaterial belichtet.

Impressum

Umschlagabbildungen: Surfer am Key Largo (Vorderseite)
Flamingos in den Everglades (Rückseite)
Umschlaggestaltung: Barbara Markwitz
Herstellung: Angelika Kerscher

© 1994 by Cormoran Verlag, München
Alle Rechte vorbehalten
Printed in Slovenia

ISBN 3 7658 0921 7